CATALOGUE

d'une Collection fort intéressante de

Monnaies Carlovingiennes,

DE MONNAIES D'OR, ARGENT ET CUIVRE
DES DIVERS ÉTATS DE L'EUROPE ET D'OUTREMER.

et d'une belle Série de

Médailles Historiques.

dont la vente aura lieu à AMSTERDAM
dans la salle de vente de l'Hôtel KRASNAPOLSKY
Warmoesstraat 175—183,

LE 1 JUIN 1898 ET JOUR SUIVANT,

SOUS LA DIRECTION DE

l'Expert J. SCHULMAN à Amersfoort.

JOUR D'INSPECTION:

Mardi le 31 Mai, de 10 heures du matin à 4 heures d'après midi.

Imprimerie A. J. MICHIELSEN, à Amersfoort.

Conditions de la Vente.

La vente aura lieu au comptant en Florins et Cents des Pays-Bas.

Les acquéreurs payeront 10% en sus des enchères comme cela est de coutume en Hollande.

L'expert se charge gratuitement des ordres qu'on voudra bien lui confier.

La conservation des pièces est rigoureusement indiquée par **F.d.c.** fleur de coin, **t.b.c.** très bien conservé, **b.c.** bien conservé et **a.b.c.** assez bien conservé.

Après l'adjudication aucune réclamation ne sera admise.

Ordre de la Vente.

MERCREDI le 1 JUIN, le matin à $10\frac{1}{2}$ heures précises.
le n. 1 jusqu'au n. 209 monnaies carlovingiennes.
n. 210 „ n. 299 monnaies d'or.
Le soir à 7 heures précises.
le n. 300 jusqu'au n. 459 monnaies d'or.
n. 460 „ n. 575 monnaies en argent.
JEUDI le MATIN à $10\frac{1}{2}$ heures précises.
le n. 576 jusqu'au n. 776 monnaies en argent.
n. 777 „ „ 864 monnaies en cuivre.
Le soir à $6\frac{1}{2}$ heures précises.
le n. 865 jusqu'au n. 1102 médailles historiques et jetons.

Collection X de P.

MONNAIES MEROVINGIENNES.

1 **Rois Wisigoths**. Tiers de Sou d'or NOTAI—ITꝯꝯVI. Buste de face. Rev. VITOR . AVCCA. Victoire de face. Cat. Ponton d'Amécourt 707. Or. t.b.c.

2 **Bannassac** (Lozère.) Tiers de sou d'or. Buste drapé et diadémé à dr. Rev. ELAFIVS MONETAT. Calice à deux anses, surmonté d'une croix. Or. Beau.

3 **Rodez**. Tiers de sou. Tête à dr. Rev. † HT. Monogramme. Or. t.b.c.

4 **Thiré** TIDIRICIACO. Buste diadémé à dr. Rev. † CINSVLFO MNE. Croix. Tiers de Sol. Or. Beau. Rare.

5 Tiers de Sou d'or. TIDIRICIACO. Buste à dr. Rev. † VVN....IE. Croix cantonnée de CA et de 2 globules. Or.

6 *Type romain*. Buste à dr. ALNO—I. Rev. Victoire IVRO—IOVNO. Or. t.b.c.

MONNAIES CARLOVINGIENNES.

7 **Pepin le Bref** (752—768.) Quentowic. Denier RXF (R et X liés) deux points superposés entre l'A et l'F. Rev. Légende en deux lignes séparée par un trait ꝯVCDI—VVIC. Gariel 51 fr. 200. Ar. t.b.c. Rare.

8 **Reims**. Denier RP dans le champ six points. Rev. R entre deux croisettes pommetées, point dans l'R, trois points au-dessous de l'R. Gariel 55. vente Gariel fr. 175. Ar. t.b.c. Rare.

9 **Charlemagne** (768—814.) Denier CARO—LVS en deux lignes. Rev. RXF (R X liés) Gariel pl. V. Beau.

10 - Même pièce. Ebréchée.

11 **Auvergne**. Denier CAR LVS en deux lignes, entre ces lignes un signe triangulaire. Rev. AR VR —NIS en deux lignes. Gariel fr 175. Ar. a.b.c. fort rare.

12 **Duurstede** Denier CARO—LVS en deux lignes. Rev. DOR—STAD en deux lignes, dessous une hache. Gar. 45. Ar. t.b.c

13 **Limbourg ?** Denier. CARO—LVS en deux lignes. Rev. LEM au dessus une croix, dessous ∞. Gariel 66 fr. 100. Ar. b.c. Rare.

14 — Denier. CARO—LVS en deux lignes. Rev. LEM, dessus trait et trois points posés en triangle, dessous X entre deux points. Gar. 65 fr. 200 fort rare. Ebréché.

15 **Lyon**. Denier CARO—LVS en deux lignes. Rev. LVG—DVN en deux lignes. Un point sous le G et deux points sous le second V. Gar. 62, fr. 150. Ar. t.b.c. mais ébréché.

16 **Mayence.** Denier CARLVS en deux lignes. Rev. + O—MAG—CS en
trois lignes. Gariel 80. Ar. t.b.c. Rare.

17 **Melle ? Médoc ?** Denier CARO—LVS (AR EO... en deux lignes. Rev. **MV**
q L q autour d'une rosace. Gariel pl. VIII,87. Ar. t b.c.

18 — Denier. CARO—LVS en deux lignes. Rev. MEDOCVS autour d'une
rosace. Gar. 91. Ar. t.b c.

19 **Milan.** Denier. + CARLVS LEX FR. Croix pattée. Rev. MEDIOL au
centre monogramme carolingien. Gariel 178. Ar. t.b.c.

20 **Pavie.** Denier. + CARLVS REX FR. Croix au centre. Rev. + PAPIA.
Monogramme carolingien. Gariel 179. Ar. t.b.c.

21   Même pièce. Ebréchée.

22 **Toulouse.** Denier. + CARLVS REX. Croix au centre. Rev. + TOLOSA.
Monogr. carolingien. Ar. b c.

23 **Tours.** Denier. + CARLVS REX FR. Croix au centre. Rev. + TVRONIS
au centre monogramme. Gar. 214. Ar. Beau.

24 **Louis-le-Débonnaire.** (814—840.) Sou d'or barbare au buste à dr.
Gariel pl. XIV,13. Or. t.b.c. Rare.

25 **Aquitaine.** Denier. + H LVDOVVICVS IMP. Croix. Rev. AQVI—TANIA
en deux lignes avec une croisette au-dessus et au-dessous. Gariel pl.
XIV,18. Ar. t.b.c. Rare.

26   Obole. + H LVDOVVICVS IMP. Croix. Rev. AQVI—TANIA en
deux lignes. Gariel pl. XIV,19. Ar. t.b.c. Rare.

27 **Arles.** Denier. + H LVDOVVICVS IMP. Croix. Rev. AREL—ATVM
en deux lignes. Gariel 22. Ar. Beau.

28 **Bourges.** Denier. + H LVDOVVICVS IMP. Croix. Rev. BITV—RIGES
en deux lignes. Gar. 40 fr. 50. Ar. Beau.

29 **Cambrai.** Denier. + H LVDOVVICVS IMP. Croix. Rev. CAMA—RACVS
en deux lignes. Gariel 43. Beau et rare.

30 **Duurstede.** Denier. H LVDOVVICVS IMP AVG. Son buste lauré à dr.
avec le paludament. Rev. DORESTATVS autour d'un navire dont le
mât est surmonté d'une croisette. Gariel pl. XVI,59, fr. 100. Ar. b.c.
fort rare.

31 — Denier. + H LVDOVVICVS IMP. Croix. Rev. DOR—+ESTA—TVS
en trois lignes. Gariel 55 fr. 50. Ar. t.b.c.

32   Denier. + H LVDOVVICVS IMP. Croix. Rev. DOR. ES. TA—TVS
en trois lignes. Gariel 54 Ar. Beau.

33 — Denier. + H LVDOVVICVS IMP. Croix au centre cantonnée de trois
points. Rev. DOR—ESTA—TVS en trois lignes. Ar. Beau et rare.

34 **Lyon.** Denier. + H LVDOVVICVS IMP Croix. Rev. LVGD—VNVM en
deux lignes. Gar. pl. XVI, 64 fr. 50. Ar. Beau.

35 **Marseille.** Denier + H LVDOVVICVS IMP. Croix Rev. MASS—ILIA en
deux lignes. Gar. 65 fr. 40. Ar. t.b c.

36 **Mayence.** Denier + H LVDOVVICVS IMP. Croix Rev. MO—GON—
TIA—CVS en quatre lignes. Gariel pl. XVII, 77 fr. 80. Ar. t.b.c. Rare.

37 **Metallum.** Obole. LVDO—VVIC en deux lignes. Rev. + METALLVM.
Croix au centre. Gar. 5. Ar. t.b.c.

38 — Denier. + H LVDOVVICVS IMP. Croix au centre. Rev. META—
LLVM en deux lignes. Gar. pl. XVI,68. Ar. Beau.

39 — Même pièce, t.b.c.

40 — Denier. H LVDOVVICVS IMP. Croix au centre. Rev. Lég. circulaire

✠ METALLVM entre deux grenetis, au centre croix. Gr. pl. XVI.70. Ar. t b.c.

41 — Denier. H LVDOVVICVS IMP AVG Buste à dr. Rev. + METAL-LVM au centre les instruments de monnayage Gar. pl. XVII,73. Ar. b.c. fort rare.

42 — Obole. + H LVDOVVICVS IMP autour de quatre coins remplaçant la croix. Rev. + METALLVM au centre les instruments de monnayage. Gareil pl. XVII,76, fr. 50. Ar. t.b.c. Rare.

43 **Milan.** Denier. + H LVDOVVICVS IMP. Croix. Rev. MEDIO — LANVM en deux lignes. Gariel 80, fr. 30. Ar. Beau.

44 **Narbonne.** Denier. + H LVDOVVICVS IMP. Croix au centre. Rev. NAR — BoNA en deux lignes. Gariel 85, fr. 40. Ar. t.b.c.

45 **Orléans.** H LVDOVVICVS IMP AVG, buste de l'empereur à dr. Rev. + AVRELIANIS autour d'un temple haussé sur deux degrés. Gariel pl. XVII.89, fr. 200. Ar. b.c. fort rare.

46 **Le Palais.** Denier. + H LVDOVVICVS IMP. Croix. Rev. PALA — TINA MO — NETA en trois lignes. Gariel pl. XVII 90, fr. 45. Ar. t.b.c. Rare.

47 **Paris.** Denier. + H LVDOVVICVS IMP. Croix. Rev. PARISII dans le champ. Gar. 92 fr. 50. Ar. Beau.

48 **Pavie.** Denier. + H LVDOVVICVS IMP, Croix. Rev. PAP. IA. Gar. 95. Ar. Beau.

49 **Reims.** Denier. + H LVDOVVICVS IMP. Croix. REMIS — CIVIS en deux lignes. Gariel 106, fr. 100 Beau et rare.

50 **Rouen.** Denier. + H LVDOVVICVS IMP. Croix. Rev. ROTV — MAGVS en deux lignes Gariel pl. XVIII.114. fr. 75. Ar. Beau.

51 **Sens.** Denier. + H LVDOVVICVS IMP AVG. Buste de l'empereur à dr. Rev. + SENONES autour d'une porte de ville, Gariel pl. XVIII,119 frs. 250, Ar. a.b.c. fort rare.

52 — Denier. + H LVDOVVICVS IMP. Croix. Rev. SENO — NES en deux lignes, avec un point entre les deux lignes et derrière le dernier mot. Gar. 117. t.b.c. Rare.

53 **Tours.** Denier H LVDOVVICVS IMPVVG. Buste lauré de l'empereur à dr. Rev. + TVRONES autour d'une porte de ville. Gariel. 133 fr. 275. Ar. b.c. Rare.

54 — Denier + H LVDOVVICVS IMP Croix. Rev. TVRO — NES en deux lignes. Gar. 131. Ar. Beau.

55 **Trèves.** Denier. + H LVDOVVICVS IMP (MP liés). Croix au centre. Rev. TREV — ERIS en deux lignes, dessous . + . Gar. pl. XIX,137. var. Beau. fort rare.

56 **Vénise.** Denier. + H LVDOVVICVS IMP. Croix. Rev. + VEN — ECIAS en deux lignes. Gar. 140. Ar. Beau.

57 **Verdun.** Denier. + H LVDOVVICVS IMP. Croix. Rev. VIRID — VNVM en deux lignes. Gar. 144. Ar. t.b.c. Rare.

58 **Christiana Religio.** H LVDOVVICVS IMP AVG. Son buste lauré à dr. avec le paludament. Rev + PISTIANA RELIGIO. Temple tétrastyle, dedans une croix. Gariel pl. XLIII.1, fr. 300. Ar. t.b.c. fort rare.

59 Obole, + H LVDOVVICI. Croix cantonnée de quatre points. Rev. + PISTIANA RE. Temple. Gar. 45 var. Ar. b.c.

60 Obole. LVDO — VVIC en deux lignes. Rev. STIANA RI au centre croix cantonnée d'un annelet. Gar. 145. fr. 50. Ar. ébréché. Rare.

61 **Pépin Ier.** roi d'Aquitaine (817 – 838). Obole. + PIPPINVS REX. Croix

au centre. Rev. AQVI—TAINA en deux lignes. Gariel pl. XX,1 var.
Ar. t.b.c.

62 **Charles le Chauve**. (840—877.) **Agen**. Denier. CARLVS REX FR.
Croix. Rev. + AGINNO monogr. Gar. 26. Ar. a.b.c.

63 **Amiens**. Denier. + GRATIA D—I REX, au centre monogr. Rev. AM-
BIANIS au centre une croix, var. de Gariel. Ar. a.b.c.

64 — Denier. + GRATIA D—I REX. Monogr. Rev. + AMBIANIs CIVT.
Gar. 5 var. Ar. Beau.

65 **Angers**. Denier. + GRATIA D—I REX. Monogr. Rev. + ANDEGAVIS
CIVITAS Croix. Gar. 9. Beau.

66 **Aquitaine**. Obole. + CARLVS REX. Croix. Rev. AQVI—TANIA en deux
lignes. Gar. 29. Ar. b.c.

67 **Arras**. Denier. + GRATIA D—I REX. Monogramme. Rev. + ATRE-
BATS CIVITAS. Croix au centre. Gar. pl. XXV,12. Ar. t.b.c.

68 **Beauvais**. Denier. + CAROLVS REX FRAN. Croix au centre. Rev. +
BELGEVAGVS CIVI. au centre monogramme. Ar. Beau.

69 **Bourges**. Denier. + CARLVS REX FR. Croix. Rev. + BITVRICAS.
Monogr. Gar. 38. Ar. Beau.

70 — Denier. + CARLVS REX. Croix. Rev. + BITVRICES CIVI. Monogr.
Gar. 39. t.b.c.

71 — Denier. + CARLVS RE. Buste du roi à g. Rev. BITV—RICES en
deux lignes Gar. pl. XXII,44, fr. 150. Ar. b.c. fort rare.

72 — Denier. CARLVS REX FR. Croix cantonnée de quatre croissants.
Rev. + BITVRICAS. Monogramme. Gar. 43, fr. 30. Ar. t.b.c.

73 — Denier. + BITVRIGESCIVIT. Monogr. de Charles. Rev. + BITV-
RICESCIVITA. Croix au centre. Gar. 46. Ar. Beau.

74 **Châlons-sur-Marne**. Denier. + C : GRATIA D—I REX. Monogramme.
Rev. + CATALAVNISCIV. Croix. Comp. Gar. 65, fr. 60. Ar. b.c. Rare.

75 **Château Landon**. Denier. + GRATIA D—I REX. Monogr. Rev. + CAS-
TIS NAN DONIS. Croix au centre. Gar. pl. XXXVIII,80, fr. 80. Ar.
Beau. Rare.

76 **Chartres**. Denier. GRATIA D—I REX au centre monogramme. Rev.
CARH O TIS CIVITAS entre deux grénétis et une croix au centre
Gariel 72, fr. 40. Ar. b.c.

77 — Denier. Même avers. Rev. Variété dans la forme des lettres et de la
croix. Gar. 73 var. Ar. t.b.c.

78 — Obole. + GRATIA D—I REX. Monogr. Rev. + CARN O TIS.
CIVITAS. Gar. 74. Ar. b.c. Rare.

79 — Denier. GRATIA D—I REX. Monogr. Rev. + CARH O TIS CIVITA
Croix au centre pl. XXVII,72. Ar. t.b.c.

80 **Compiègne**. + GRATIA DI REX. Monogramme. Rev. + CONPENDIO
PALACIO (NP et ND liés). Croix au centre. Gariel 88. Ar. t.b.c.

81 **Curtisasonien ?** (Court-Sessin ?) + GRATIA D—I REX. Monogr. Rev. +
ICVRTISASONIEN Croix. Gar. 94. Ar. t.b.c.

82 **Lyon**. Denier. + GRATIA D—I REX. Monogramme. Rev. + LVGDVNI
CLAVATI Croix au centre. Gar. 125. Ar. Beau.

83 **Le Mans**. Obole. + GRATIA D—I REX. Monogramme. Rev. CIN O
MANIS CIVI. Gar. pl. XXX 130. Ar. t.b.c.

84 — Denier. + GRATIA D—I REX. Monogr. Rev. + CINOMANIS CI-
VITAS. Croix au centre. Gariel 129. Ar. t.b.c.

85 **Le Palais.** Denier, † CAROLVS REX Croix au centre Rev. † PALATINA MONA au cente monogramme. K R S L var inédite. Ar. Beau.

86 **Lisieux.** † GRATIA D—I REX. Monogramme. Rev. † LICS O VINI CIVIIT. Croix au centre. Gar. 155. Ar. t.b.c.

87 **Melle.** Denier. CARLVS REX FR. Croix au centre Rev. MET † VLLO. Monogr. au centre. Gar. 59. Ar. t.b.c.

88 — Même pièce, dorée. Ar. t.b.c.

89 — Denier. † CARLVS REX FR. Croix. Rev. † METVLLO. Monogr. Gar. 58. Ar. Beau.

90 — Même pièce, la croix au centre plus petite. G. 58. Ar. b.c.

91 — Denier. † CARLVS REX R. Au centre croix. Rev. MET—ALO en deux lignes dans le champ, au centre un globule. Ar. b.c.

92 — Denier, variété avec † CARLVS REX. Ar. a.b.c

93 — Obole. Monogramme occupant tout le champ avec croisette entre K et L. Rev. † METVLLO, croix au centre Ar. t.b.c.

94 — Obole. Monogramme de Charles occupant tout le champ Rev. † METVLLO. Croix au centre. Gar. pl. XXIV,76 Ar. Beau.

95 — Obole. † CARLVS REX. Croix au centre. Rev. MET—ALO en deux lignes dans le champ, dessous ·|· Ar. b.c.

96 — Obole. † C . A . RLVS REX. Croix. Rev. MET—ALO † en deux lignes. Ar. t.b.c.

97 — Denier. CARLVS SEX (.) Croix. Rev. MET—ALO en deux lignes. Ar. b.c.

98 — Denier. † CARLVS REX FR. Croix au centre. Rev † METVLLO. Monogr. Gar. 58. Ar. t b c.

99 **Metz.** Denier. CRATIN D—IIIX au centre monogramme Rev. † METIS CIVITAS. Croix au centre. Gariel 149 fr. 200. Ar. a.b c. Rare.

100 **Nevers.** † CARLVS IMP AVG. Croix. Rev. NEVERNISCIVIT. Monogr. Gariel 91. Ar. t.b.c.

101 **Orléans.** Denier. † CARLVS REX FR entre deux grénétis. croix au centre, cantonnée de 4 globules. Rev. ·|· AVRE—LI—AN IS autour d'une porte de ville. Gar. pl. XXI,11. Ar Beau.

102 — Même pièce, variété. Ar. t.b c.

103 — Denier. † CARLVS REX FR. Croix cantonnée de quatre points. Rev. † AVRE—LI—ANIS autour d'une porte de ville. Gar. 11. var. Ar. Beau.

104 — Denier. † CARLVS REX FR. Croix cantonnée de quatre points. Rev. † AVRELIANIS autour d'un temple. Gariel pl. XXI.10. f°. 30. Ar. t.b.c.

105 — Obole. GRATIA D—I REX. Monogr. Rev. † AVRELIANIS CIVIT. Croix. Gar. 166. Ar. a b.c.

106 **Paris.** Denier. † GRATIA D—I REX. Monogr Rev. † PARISII CIVITAS. Croix. Gar. 182. Ar t.b.c.

107 **Quentovic.** Denier. † GRATIA D—I REX. Monogramme. Rev † QVVEN TOTVICI. Croix cantonnée de deux globules. Gar. pl. XXXII,187. Ar. t.b.c.

108 **Reims.** † GRATIA D—I REX au centre monogr. Rev. † REMIS CIVITAS. Croix au centre. var. de Gar. 196. Ar. t b.c.

109 — Denier. GRATIA D—I REX. Monogramme. Rev. † REMISCIVITAS. Croix. Gar. 196 var. Ar. t b.c.

110 **Roncy.** Denier. † TIAHAI - IA. Monogramme K R S L. Rev. † RAVGIO PALACI. Croix au centre. Gar. 204 fr. 30. Ar. t.b.c.

111 **Rouen.** Denier. † GRATIA DI REX au centre monogramme. Rev. ⊹ ROTVMACVS CIVIT. Croix au centre. Gar. pl. XXXII.207, var. fr. 411. Ar. Beau.

112 — Denier x GRATIA DI REX. Monogr. Rev. † ROTVMACVS CIVII au centre une croix. Gariel 207. Beau.

113 **Saint Denis.** † GRATIA DI REX. Monogr. Rev. † SCI AIONVSIIM Croix. Gariel 219. Ar. t.b.c.

114 — Obole. † GRATIA D- I REX. Monogr. Rev. ⊹ SCI AIONVSIIM. Croix. Gar. 222, fr. 60. Ar. b c. Rare.

115 **Saint Quentin.** Denier. GRATIA D--I REX.° Monogr. Rev. † SC—I QVINITINIMO Croix. Gar. 236 var. fr. 40. Beau.

116 — Denier. † GRATIA D—I REX. Monogramme. Rev. † SC--I QIINTINIMO. Croix. Ar. t.b.c.

117 **Sens.** Denier. ⊹ CARLVS REX FR. Croix cantonnée de quatre points. Rev. SENONES CIVITAS autour d'un temple. Gar. 20 fr. 50. Ar. t.b.c.

118 — Denier. ⊹ GRATA D—I REIX. Monogramme, Rev. † SE NO NES CIVITAS. Croix. Gar. 243. Beau.

119 **Soissons.** Denier. † GRATIA DI REX. Monogr. Rev. ⊹ SVESSIO CIVITAS. Croix. Gar. 218. Ar. Beau.

120 **Troyes.** Denier en lég. retrograde. CRACIA DIX. Monogr. Rev. † TRECAS CIVI. Croix au centre. Gar. 271. b.c.

121 — Denier. CRACIA D—I RX. Monogr. Rev. † TRECAS CIVI au centre croix. Ar. a.b.c.

122 — Obole. GRACIA DI REX. Monogramme par C. Rev. † TRECAS CIVI: Croix au centre. Inédit. Ar. b.c. Rare.

123 — Denier. † GRATIA D—I REX. Monogr. Rev. † TRECAS CIVITA. Croix. Ar. a.b.c.

124 **Vendôme.** Denier. † GRATIA D—I REX. Monogr. Rev. VENDENISCAS TRO. Croix. Gar. 281. Ar. b.c

125 **Christiana Relegio.** Denier. ⊹ CARLVS REX FR. Croix cantonnée de quatre points. Rev. XPISTIANA RELICIO. Temple. Ar. Beau.

126 — Même pièce var. avec XPISTIANA. Ar. b.c.

127 — Denier. † CARLVS REX FR Croix cantonnée de quatre points. Rev. XPISTIANA RELIGIO. Temple. Ar. Beau.

128 **Charles le Chauve** et le pape **Jean VIII.** Denier. KAROLVS MP, les deux dernières lettres liées. au centre monogr. de Jean. Rev. La tête du St. Pierre accostée de SCS PETRVS écrit verticalement. Gariel pl. XXIV n. 94 fr. 60. Ar Beau

129 — Même pièce. Ar. t.b.c.

130 **Pépin II** roi **d'Aquitaine.** (839--865.) **Melle.** Obole. PIPINS R en monogr. Rev. † METVLLO. Croix au centre. Gar. pl XXXVII,4 fr. 150. fort rare.

131 — Denier. † PIPINVS REX EQ. Croix au centre. Rev. † METVLLO, au centre monogr. forme de PINSRI. Gariel 2 var. fr. 100. Ar. Beau.

132 **Toulouse** Denier. ⊹ PIPPINVS REX Croix Rev. ⊹ TOLOSA . CIVI au centre PIPSIN en monogr. Gar. 5. Ar. Beau.

133 **Louis II le Bègue.** (877--879.) **Arles.** Denier. † LVDOVVICVS. Croix· Rev. ⊹ ARELA CIVIS monogr. carolingien. Gar. pl. XXXVII,2. Ar. b.c.

134 **Tours** Denier. ⊹ MISERICORDIA DIREX. Monogramme au centre. Rev. TVRNES CIVITAS. Croix. Gar. pl. XXXVIII,13 fr. 25. Ar. t.b.c.

135 **Christiana Religio.** Denier. † H LVDOVVICVS IMP. Croix cantonnée de quatre points. Rev: PISTIANA RELIGIO. Temple. Ar. t.b.c.

136 — Denier. † H LVDOVVICVS IMP. Croix cantonnée de quatre points. Rev. XPISTIANA RELIGIO. Petit temple. Gar. 37. Ar. Beau.

137 — Obole. † LVDOVVICVS IMP Croix cantonnée de quatre points. Rev. PISTIANA RLICIO. Temple Gariel 45 var. Ar. t.b.c.

138 — Obole. † H LVDOVVICVS P. Croix cantonnée de quatre points. Rev. PISTIANA RE, rétrograde, au centre croix. Gariel 52. Ar. t.b.c.

139 — Obole. † H LVDOVVICVS IMP (M et P liées). Rev. PSTIANA RELIGIO. Temple. Variété. Ar. b.c.

140 — Denier. † H LVDOVVICVS IMP. Croix Rev. PISTIANA RELIGIO. Temple. Gariel 5 var. Ar. t.b.c

141 — Denier † H LVDOVVICVS IMP. Croix cantonnée de quatre globules. Rev. † PISTIANA RELIGIO. Temple en forme de cône Inédite. Ar. t.b.c. troué.

142 — Denier. Même avers. Rev. XPISTIANA RELIGIO. Temple. Ar. Beau.

143 **Carloman.** (879—884.) **Arles.** † CARLEMANVS RE. Croix. Rev. † ALBA CIVIS † monogr. carolingien. Denier. Ar. b.c.

144 **Limoges.** † CARLOMAN REX. Croix. Rev. † LIMOVX CIVIS au centre monogr. Beau et rare.

145 **Saint-Nazaire d'Autun.** Denier. † KARL GTIC au centre RX en monogr. Rev. † MONTS NAZ. Croix au centre. Gariel pl. XXXIX.16. Ar. Beau.

146 **Charles-le-Gros.** (884—887.) **Arles.** Denier. † CARLVS NPEART. Croix. Rev. † ARELA CIVIS † monogramme. Gar. pl. XL.10. var. Ar. t.b.c.

147 **Arles.** Denier. † CARLVS INPERAT. Croix au centre. Rev. † ARELA CIVIS † monogr, Gar. 10 fr. 25. b.c.

148 **Beauvais.** Denier. † CAROLVS REX FRAN. Croix. Rev. † BELGEVAGVS CIVI au centre monogr. Gariel pl. XLII,42. Ar. Beau.

149 **Clermont-Ferrand.** † CARLVS REX. Croix. Rev. † CLAROMVNT (NT lié) au centre monogr. Gar. 47. Ar. a.b.c. Rare.

150 **Christiana Religio.** Grand Denier. KAROLVS IMP· Croix cantonnée de quatre points. Rev. XPISTIANA RELICIO. Temple. var. de Gar. 28. Ar. t.b.c.

151 — Grand Denier. † H CAROLVS IMPERA. Croix cantonnée de quatre globules. Rev. XPISTIANA RICIO temple tétrastyle. Ar. a.b.c.

152 — Denier. † C . A . RLVS REX. Croix. Rev. X† PIANARCIO. Monogr. Gar. pl. XLV.69. Ar. t.b.c.

153 — † CARLVS REX. Croix. Rev. X . † RHANAIHICIO. Monogr. Gar. 68. t.b.c.

154 **Eudes.** (887—898.) **Angers.** † GRATIA D—I REX, au centre ODO rétrograde sous une croisette. le premier O quadrangulaire. Rev. † ANDE CAVIS CIVITAS. Croix. Gar. pl. XLVI.4. Ar. Beau.

155 **Arras.** † GRATIA D—I REX au centre O∧O, Rev. † . A . TREB . A . SCIAI au centre croix. Gariel pl. XLVI.8 fr. 100. Ar. t.b.c. fort rare.

156 **Blois.** Denier. † MISERICORDIA D—I, au centre monogr. Rev. BLESIANIS CASTRO (O quadrangulaire) Croix. Gariel 9. Ar. t.b.c.

157 — Denier. † MISERICORDIA DE—I. Monogramme. Rev. † BLESIANIS CASTRO. Croix. Gariel 9. Variété. Ar. Beau.

158 **Chartres.** † GRATIA D—I REX au centre ODO (Les O d'ODO quadrangu-

laires) entre deux croisettes accosté chacune de deux I. Rev. † CAR. NOSTIS CIVITAS I. Croix. Gar. 19. Ar. Beau.

159 **Limoges**. Denier. † GRATIA D — I RE au centre ODO Les O quadr.) entre deux croisettes. Rev. † LIMOVICAS CIVIS. Croix au centre. Gar. 26. **Ar. Beau.**

160 — Denier. GRATAD— — au centre ODO entre deux croisettes. Rev. † LIMOVCASCVS au centre croix, var. de Gariel 27. Ar. b.c.

161 — — Denier. CI x AI IA D — II F au centre ODO altéré entre deux croisettes. Rev. LIMOVICASCVS au centre croisette. Ar. a.b.c.

162 — Denier. † GRATIA D — I RE au centre ODO les O quadrangulaires) entre deux croisettes. Rev. LIMOVICAS CIVIS. Croix. Gar. 26 var.

163 **Orléans.** † GRATIA D — I au centre ODO les O quadrangulaires) et REX en monogr. Rev. † AVRELIANIS CIVITAS. Croix. Gariel. 32. **Ar. Beau.**

164 **Soissons**. Denier. † GRATIA D — I REX au centre ODO les O quadrangulaires) et deux croisettes. Rev. † SVESSIO CIVITAS Croix. Gar. 50 Ar. t.b.c.

165 **Tours**. Obole. † GRATIA DI REX. Monogr. altéré. † TVRONIS CIVITAS Croix. Gar. 59 fr 100. Ar. a.b.c.

166 — † MISERICORDIADN au centre monogramme. Rev. † TVRONES CIVITAS. Croix Ar Beau.

167 — Denier † MISERICORDIA DN au centre monogramme. Rev. † H TVRONES CIVITAS. Croix au centre. Gar. 56. Ar. Beau.

168 — Même pièce variété. Ar. b.c.

169 **Toulouse**. Obole. † ODO REX FR — C Croix. Rev. † TOLOSA CIVI au centre ODDO. Ar. t.b.c.

170 — Denier. † ODDO REX FRC. Croix. Rev. † TOLOSA CIVI; au centre ODDO. Gar. 52. t.b.c.

171 **Robert Ier**. 922—92.. **Tours**. Denier. † MISERICORDIA DITI. Monogr. de Robert. Rev. † TVR ⁜ NVS CIVITAO. Croix au centre. Ar. b.c. fort rare.

172 — † MISERICORDIAI . BI. Monogr. de Robert au centre. Rev. ⁜ H TVRNES CIVITAS. Croix au centre. Ar. b c. Rare.

173 **Charles le Simple**. (898 — 929) **Blainville**. Denier. CARLVS REX. Croix cantonnée de quatre annelets. Rev. BLEDONIS. Temple. Gar. 9. Ar. a.bc.

174 **Bruges**. † GRATA D — PEX. monogr. Rev. † BRVCCIAMO. Croix cantonnée de quatre coins. Gariel pl. XLIX n. 7. Ar. t.b c.

175 **Chinon**. CAINONCASTRO. Monogr. Rev. † TVRENES CIVITAS (VR lié) au centre croix. Gariel 23. Ar. t.b c.

176 **Meaux**. Denier. † CARLVS REX. Croix. Rev. MEL — DIS † en deux lignes, au centre point. Gar pl I, II. Ar. t.b c.

177 **Paris**. Denier. GRATIA D I REX. Monogr. Rev. † PARISI — CIVITA † en deux lignes Gar. 57. Ar. t.b c.

178 — Denier. † CAR . LVS R . EX au centre croix. Rev. PARI — SII en deux lignes. Gar. 55 Ar. t.b c.

179 **Reims**. Denier. † GRACIA D — I REX Monogr. Rev. REMIS CIVITAS. Croix au centre. Gar. 61 var. Ar. a.b.c.

180 **Strasbourg**. Denier. † CAROLVS PIVS REX. Croix. Rev. ARGENTI — NACIVITS en deux lignes. Gar. 72 var. Ar. t.b.c.

181 **Toulouse**. † CARLVS RE. Croix. Rev. † TOLOS'A CIVI au centre VOƆ. Gar. pl. 51. Ar. t.b.c.

192 **Raoul**. 923—936. **Orléans**. Obole. † GRATIA D — I REX. Monogramme. Rev. † AVRELIANIS CIVTA. Croix avec un point au 1er canton. Gariel 35 fr. 100. Rare. a.c.b.

183 **Orléans**. Denier. + GRATIA. D—I REX Monogramme. Rev. + AVRELI
ANIS CIVTAS. Croix au centre. Gar. 34, fr. 100. Ar. t.b.c.

184 **Paris**. + GRATIA DI REX, monogr. de Raoul. Rev. ⚜ PARISI
CIVITA ⚜ en deux lignes, Gariel pl. LIV n. 27, fr. 75. Ar. t.b.c. Rare.

185 **Louis IV d'Outremer**. (936-954.) **Chalon-sur-Saône**. Denier. I—IV
DOMICVS au centre R X liés. Rev. CAVIONISCI. Croix. Gariel pl.
LV,5 fr. 100. Ar. t.b.c.

186 **Langres**. Denier. + H LVDOVVICVS au centre IX liés. Rev. + LINCO-
NIS CVIS. Croix au centre. Gar. 10, fr. 100. Ar. a.b.c. Rare.

187 **Rouen**. Denier. + VDOVICIRIX. Croix. Rev. RODOMCIFIT au centre.
Monogr. Ar. Beau.

188 — Denier. + VLOqVICI RIX. Croix. Rev. + ROqOM CIFIT — au
centre AL. Ar. Beau.

189 **Sens**. Denier. LVDOVICVS REX. Croix au centre cantonnée de quatre
points. Rev. + SENONIS VRBS. Temple. Ar. b.c. fort rare.

190 — Denier. + VIODOVICVS au centre V. Rev. + OSIMI IODO—DI.
Croix au centre. Ar. b.c.

191 **Lothaire I** (954—986.) **Bourges**. Denier. + LOTERIVS REX. Au centre
croix. Rev. BITVRICES CIVITAS, temple. Gar LVII,9. Ar. t.b.c.

192 **Chalon-sur-Saône**. Denier. LOTARIVS REX, au centre un grand B. Rev.
CAVILONCIVT au centre croix. Gariel pl. LVII,12 fr. 100. Ar. a b c.

193 **Meaux**. Obole. + LOTHVIVS IIR. Croix. Revers. + MEIDIS CIVLVO.
Monogramme altéré. Gar. 20, fr. 60. Ar. b.c. Rare.

EMPEREURS CARLOVINGIENS ÉTRANGERS.

194 **Lothaire**. (840—855.) **Duurstede**. + HIOTIARVSIEA. Croix. Rev. DOR—
ES—TA—TVS en trois lignes. Gar. pl. LIX,16. Ar. t.b.c.

195 — Denier. IOTARIVS — PAT. Croix cantonnée de quatre points. Rev.
DORESTAT—MON. Temple. Gariel. 17. Ebréché.

196 **Milan**. Denier. + H LOTHARIVS IMP (HL liés) Croix. Rev. MEDIO-
LA (ME et LA liés) dans le champ. Gar. pl. LIX,21 Ar. t.b.c.

197 **Pavie**. Denier. + H LOTHA PIVS IMP AV (TH liés). Croix. Rev. PA-
PIA dans le champ. Gariel 24 Ar. t.b.c.

198 **Christiana Religio**. Denier. + LVTNARIVS IMP. Croix cantonnée de
quatre globules. Rev. XPISTIANA RELCIO. Temple surmonté d'une
croix cantonnée de deux points. Ar. t.b.c.

199 — Denier. + LVTHVPIVS IMP. Croix cantonnée de quatre globules.
Rev. XPISTIANA RICO. Temple Ar. beau.

200 — Denier. + LVTNARIVS MP. Croix. Rev. + PISTIANA RELO.
Temple. Ar. t.b.c.

201 — Denier. Lég. rétrograde. + LOTANVS I PEPA. Croix cantonnée de
quatre globules. Rev. + nTIANASPEO. Ar. t.b.c.

202 **Louis II d'Italie**. (855—875.) **Strasbourg**. Denier. + HVDOVVIqVS
PIVS F. Croix au centre. Rev. SITDA—LLIIqII en deux lignes. Gariel
pl LXI,9. Ar. t.b.c.

203 **Louis l'Aveugle**. (901—929.) **Christiana Religio**. H LVDOVVICVS IMP.
Croix cantonnée de quatre globules. Rev. XPISTIANA RELICIO,
temple. Denier. Gariel 4, fr. 40. Ar. troué b.c.

204 — Vienne. Denier. LVDVVICVS MPR, monogr. altéré. Rev. + VIENNA CIVIS, au centre croix. Gariel 2. b.c.

205 **Louis IV l'Enfant.** (899-912.) **Tongres ?** Obole. + LVDOVVICIVISII. Croix cantonnée de quatre globules. Rev. + PAIS TIVNVRE rétrograde. Coll. Legras 268, fr. 81. Ar. Beau.

206 **Bérenger.** (905-924.) **Christiana Religio.** Denier. + BEPENGARIVS REX. Croix cantonnée de quatre points. Rev. XPISTIANA PIIIGIO, temple. Gariel pl. LXV,5 t.b.c.

207 **Conrad-le-Salique,** roi de Bourgogne. (1033-1039.) **Lyon.** Denier. + CONRADVS. Croix au centre. Rev. + LVGDVNVS. Croix sur une base triangulaire. Ar. t.b.c.

208 — Même pièce, deux variétés. Ar. b.c.

209 **Pirates normands. Canut ?** Denier. Longue croix dans le champ, à l'extrémité de chaque branche CVNT entre lesquelles REX. Rev. + CVN : NET .: TII, au centre petite croisette cantonnée de 2 points. Ar. Beau.

Collection von Brandt et de M. B.... d'Utrecht.

MONNAIES d'OR.

210 **Allemagne** (Empire). **Wilhelm II.** 1872. 10 Mark. Or. Beau.

211 — 1873. 20 Mark. Or. Beau.

212 — 1877. 5 Mark. Or. Beau.

213 **Amérique** (les États Unis). 1849. 10 Dollars. Or. gr. 16.7. Beau.

214 — 1852. 1 Dollar. Or. Beau.

215 — 1873. 20 Dollars. Or. gr. 33.4. Beau.

216 — 1873. 5 Dollars. Or. gr. 8.35. Beau.

217 — 1873. 2½ Dollar. Or. gr. 4.15. Beau.

218 — 1874. 3 Dollars. Or. gr. 5. Beau.

219 **Angleterre** (royaume). **Edward III.** Noble. Or. t.b.c.

220 **Henry VI.** Quarter Noble. M. M. tréfeuille. var : de Kenyon pl. IV,31. Or. b.c.

221 **George III.** 1792. Guinea. Or. Beau.

222 — 1804. Half Guinea. Or. Beau.

223 **George IV.** 1825. Two Guineas. Or. Beau.

224 **Victoria.** 1871. Souvereign. Or. gr. 8. Beau.

225 — 1872. Half Souvereign. Or. gr. 4. Beau.

226 **Anhalt.** Duché. **Friedrich.** 1875. 20 Mark. Or. F.d.c.

227 **Argentine.** République. 1881. 5 Pesos ou Argentino au buste de la Liberté. Or. gr. 8. Beau.

228 — 1881. Demi Argentina. Or. gr. 4. Beau.

229 **Autriche**. (Empire.) **Franz Joseph**. 1875. 20 Francs = 8 Florins. Or. Beau

230 — 1870. 10 Francs = 4 Florins. Or. Beau.

231 **Bade**. (Duché.) **Friedrich**. 1872. 20 Mark. Or. Beau.

232 — 1875. 10 Mark. Or. Beau.

233 — 1877. 5 Mark. Or. Beau.

234 **Barcelone**. (Ville.) Double Ducat obsidionale de **Ferdinand et Isabelle**, contremarque à **Barcelone**. Bustes opposés FERNANDVS . ET . ELISA-BET . REX . ET . REGI. entre les bustes contremarque aux armoiries de **Barcelone**. Rev. SVB . VMBRA — ALARVM TVA. Or. t.b.c Rare.

235 **Batenbourg**. (Seigneurie.) **Guillaume de Bronckhorst**. Ducat au St. Victor. MONETA * NO—VA * AVREA * B La Madone. Rev. * SANCTVS * VICTOR * St. Victor debout, accosté de W—B v. d. Chijs pl. X.10. Or. b.c. Rare.

236 **Bavière**. (Royaume.) **Ludwig II**. 1873. 10 Mark. Or. Beau.

237 — 1877. 5 Mark. Or. Beau.

238 — 1872. 20 Mark Or. Beau.

239 **Belgique**. (Royaume.) **Léopold II**. 1869. 20 Francs. Or. Beau.

240 **Berg** (*'s Heerenberg*.) Seigneurie. **Herman Frédéric à Stevensweert**. Florin d'or au type de Metz S. STEPHA .—. PROTHOM. St. Etienne debout. Rev. FLORENVS . DNI . MONTENSIS. Or. t.b.c.

241 **Bolivia**. (République.) 1832. 2 Pesos au buste de Bolivar. Or. gr. 3,4. Beau.

242 — 1832. Onça de oro (16 Pesos) au buste de Bolivar. Or. gr. 27. Beau. Rare.

243 — 1839. Peso. Or. gr. 1,7. Beau.

244 **Brabant**. (Duché.) **Philippe le Beau**. Demi florin d'or au St. Philippe. Or. t.b.c.

245 **Brandebourg** (Margraviat). **Albrecht Achilles**. Florin d'or de Swobach. ALET ⁂ MARCH —BRAND' ⁂ ELTO Or. b.c.

246 **Friedrich et Sigismund**. Florin d'or de Swobach. Or. b.c.

247 — Même pièce variété. Or. b.c.

248 — **Bayreuth**. **Christian** 1642. Ducat. Reimm. 502. Or. t.b.c.

249 **Brême** (Archevêché). **Henri comte de Schwarzbourg**. Florin d'or sans date hIRICVS . DEI . — GRA . A . E . PI . B St. Pierre devant lui l'écusson au lion de Schwarzbourg. Rev. MONE — NOVA — BREM ENSI' Reimm. 305. Or. t.b.c.

250 **Brême** (ville) sans date. ¼ Ducat ou Schwaren fr. en or. MN : NO : REIP : BREM : (I. L.) Rev. SANCTVS PETRVS. St. Pierre. Jungk 1149. Reimm. 7776. Or. Rare t.b.c.

251 **Brésil** (Empire). **Pédro II**. 1855. 10000 Reis. Buste de l'empereur. Rev. Armoiries. Or. gr. 8.9 Beau.

252 — 5000 reis Or. gr. 4.5. Beau

253 — 1867. 20000 Reis. Or. gr. 17.9. Beau.

254 **Brunswick** (Duché). **Wilhelm**. 1875. 20 Mark. Or. Beau.

255 **Campen** (ville) 1598. Ducat. RVDOL II D : G . R . I . VNGA . BO . REX . Or. t.b.c. Rare.

256 **Chile** (république). 1860. Peso à la Constitution debout. Or. gr. 1.55. Beau

257 — 1869 10 Pesos dit Condor avec inscription sur tranche Or. gr. 15.25 Beau.

258 — 1873. 5 Pesos à la Constitution. Or. gr. 7.65. Beau.

259 — 1871. 2 Pesos au même type. Or. gr. 3. Beau.

260 **Clèves** (Duché. **Johannes I.** Florin d'or de **Wesel**. IOhS' o DVX o CL — IVE' o Z o CO' o MA' × Le duc debout. Rev. MO—NE NOVA—REWE—SALIE. Armoiries. Or. t.b.c. Rare.

261 **Cologne.** (Archevêché.) **Friedrich III**, comte de **Saarwerde.** Florin d'or. Reimm. 305. Or. t b c.

262 **Thierry II de Meurs.** (1414—1463) Florin d'or de Bonn. ThEODI — C' AREPI — COLON. Rev. MONETA — BVINSIS. St. Jean Baptiste. Or. t.b.c.

263 **Herman IV de Hesse.** Florin d'or de Bonn. h' MA'ELCTI ECC LE' COLON'. Rev. MONE — NOVA — AVRE — BONNE. Or. b c.

264 — 1504. Florin, d'or. h' MAI' AR — EPI' COLO'. Rev. MO' AV — RENE' S' 1504. Or. b c.

265 **Cologne.** (Ville.) 1753. Ducat au buste de **François I.** DUCAT . CIVIT. COLON. 1753. Or. F.d.c.

266 **Columbia.** (République.) 1863. 5 Pesos, au buste de la Liberté. Or. gr. 8. Beau.

267 — 186. 10 Pesos, au même type fr. à Popayan. Or. gr. 15,8. Beau.

268 — 1871. 2 Pesos, fr. à Medellin. Or. gr. 3,2. Beau.

269 — 1872. Peso fr. à Medellin. Or. gr. 1,55. Beau.

270 — 1872. 20 Pesos fr. à Popayan. Or. gr. 32,15. Beau et rare.

271 **Costa-Rica.** (République.) 1867. 5 Pesos. Rev. CINCO PESOS. Or. gr. 7,4. Beau.

272 — 1871. Peso. Or. gr. 1,45. Beau.

273 — 1876. 2 Pesos. Or. gr. 2,95. Beau.

274 — 1876. 10 Pesos. Or. gr. 14,6. Beau et rare.

275 **Danemarc.** (Royaume.) **Christian IV.** 1625. Ducat. Buste couronné à dr. CHRISTIANUS IIII . D : G : DANI. 1625. Or. b.c. Rare.

276 **Frédéric III.** 1659. Demi Ducat. Buste couronné à dr. Rev. Huit F posés en croix. Or. F.d.c.

277 **Frédéric IV.** 1716. 2 Riksdaler au buste à dr. Or. gr. 2,5. F.d.c.

278 **Christian VI.** 1730. Ducat fr. pour **Christiansborg.** Monogramme. Rev. Vue de Christiansborg, dessous D . XII . OCTO . — 17 — 30. Or. Beau.

279 — 1740. Ducat fr. pour **Christiansborg.** Monogramme. Rev. Vue de Christiansborg dessous 17.40 Or. Beau.

280 **Frédéric V.** 1746. Ducat fr. pour **Tranquebar** au buste du roi à dr. Rev. EX AURO SINICO — 1746. Or. F d.c. Rare.

281 **Christian IX.** 1873. 20 Kroner. Or. gr. 9. Beau.

282 — 1874 10 Kroner. Or. gr. 4,4. Beau

283 **Danzig** (ville). 1657. Ducat. MON : AUREA CIVITAT GEDANEN . 1657. Rev. Buste couronné de **Jean Casimir.** Or. Beau.

284 **Ecosse** (royaume). **Robert II.** Lion + ROBERTVS . D . G . REX . SCOTOR . Ecusson au lion. Rev. ×PC — VINCIT ×PC REGNAT . Croix coupant la légende. Or. gr. 2. a.b.c. Rare.

285 **Ecuador** (république). 1838. Demi Onça de ora (4 Escudos-8 Pesos) au buste de la Liberté. Or. gr. 13.5 Beau.

286 — 1856. Onça de Oro (8 Escudos — 16 Pesos) au buste de Bolivar Or. gr 23.93. Beau.

287 **Egypte**. 1876. Pound (100 Piastres). fr. à Cairo. Or. gr. 8.5. Beau.

288 — 1875. Half Pound (50 Piastres) fr. à Caire gr. 4.3. Or Beau.

289 — 1872. Quarter Pound (25 Piastres). Or. gr. 2.2 Beau.

290 — 1872. 1/10 et 1/20 Pound (10 et 5 Piastres). Or. gr. 0.9 et gr. 0.4. Beau.

291 **Eichstädt** (évêché). Johann Anton II de Freiberg 1738. Ducat. Or. F.d.c.

292 **Espagne**. (Royaume.) Isabella II. 1865. 10 Escudo's ou 5 Piastres. Or. Beau.

293 — 1865. 4 Escudo's ou 2 Piastres. Or. Beau.

294 — 1865. 2 Escudo's ou 1 Piastre. Or. Beau.

295 **Alfonse XII**. 1881. 25 Peseta's. Or. F.d.c.

296 **Ferrare**. (Duché.) Ercole II d'Este. Scudo d'oro. HERCVLES. II. DVX. FERRARIAE. IIII. Armoiries. Rev. IN. TE. QVI. SPERAT. NON. CONFVND. La Madelaine au pied de la croix. Or. t.b.c. Rare.

297 **Flandre**. (Comté). Louis II de Male. Lion heaumé. Lion assis à g. dessous FLANDRES. Gaillard 214. Or. t.b.c.

298 — Réal d'or au lion. Le comte assis, sa gauche sur un écu au lion. Gaillard 218. Or. t.b.c.

299 **Philippe le Bon**. Cavalier d'or PHS . DEI . GRA . DVX . BVRG . Z . COMES . FLANDRIE. Cavalier orné de toutes pièces, au-dessous FLAD'. Or. t.b.c.

300 **France**. (Royaume.) Charles V. Franc à pied. Hoffm. pl. XXIV,2. Or. t.b.c.

301 **Louis XIII**. 1641. Louis d'or au buste du roi fr. à Paris. Or. Beau.

302 — 1642. Demi Louis d'or fr. à Paris. Or. Beau.

303 **Napoléon I**. 1806. 20 Francs fr. à Paris. Or. Beau.

304 — 1812. 20 Francs fr. à Paris Or. t.b.c.

305 **Louis XVIII**. 1814. Pièce de 20 Francs fr. à Paris. Or. Beau.

306 **Louis Philippe I**. 1831. 40 Francs. Or. t.b.c.

307 — 1834. 40 Francs. Or. t.b.c.

308 **Napoléon III**. 1868. 10 Francs. Or. Beau.

309 — 1854. 5 Francs. Or. Beau.

310 — 1857. 50 Francs. Or. t.b.c.

311 (République.) 1875. 20 Francs. Or. F.d.c.

312 1878. 50 Francs. Or. Beau.

313 1879. 100 Francs. Or. Beau.

314 **Gand**. (Ville.) 1582. Noble. MON — . AVREA . RESTAVR . METRO-POL . GAND — FLAND. Or. Beau

315 **Grèce** (royaume). George I. 1876. 20 Drachmes. Or. Beau.

316 **Guatemale** (république). 1859. Peso au buste du Président Rafael Cabrera. Rev. Dans une couronne 1PESO 1859. Or. Beau.

317 — 1860. 1/2 Peso (4 reales). Rev. 4 REALES 1860. gr. 0.8. Beau.

318 — 1869. 5 Pesos au buste du président Rafaël Cabrera. Or. gr. 8.1. Beau.

319 — 1869. 4 Pesos, même type. Or. gr. 6.75. Beau.

320 — 1869. 10 Pesos au buste du Président R. CABRERA FVNDADOR DE LA REP DE GUATEMALE. Or. gr. 16.15 Beau.

321 — 16 Pesos au même type. Or gr. 27.05. Beau. Rare.

322 — 1863. 20 Pesos au même type. Or. gr. 32.35. Beau et rare.

323 — 1877. 5 Pesos au buste de la liberté. Or. gr. 8.1 Beau.

324 **Gueldre** (Duché). **Charles V.** 1544. Couronne d'or. v. d. Chijs pl. XX n 1. Or. t.b.e.

325 **Philippe II.** 1568. Florin d'or au St. André. PHS . DG . HISP . Z . — REX . DVX . GEL . Rev. DOMINVS MIHI ADIVTOR . + . Le Saint entre 15 - 68 v. d. Chijs. pl. XXIV n 5. Or. t.b.e

326 — Province 1617. Demi Cavalier d'or (Halve gouden rijder) type ancien. MO . AV . PR . CONFO — E . BELG GEL . Cavalier à dr. Rev. CON-CORDIA . RES . PAR . CRESCVNT 1617. Or b.c Rare.

327 **Hainaut** (Comté) **Albert de Bavière.** Couronne. ✠ DVX ⁙ ALBERTVS DEI GRA᷎ COMES HANONIE . Ecu couronné. Rev. ✠PC VINCIT . esc. Or. t.b.e. fort rare.

328 **Hambourg** (ville). 1875. 10 Mark. Or. F.d c.

329 — 1876. 20 Mark. Or. F.d.c.

330 — 1877. 5 Mark. Or. F.d.c.

331 **Hesse** (Duché). **Ludwig III.** 1873. 20 Mark. Or. Beau.

332 — 1873. 10 Mark. Or. Beau.

333 — 1877. 5 Mark. Or. Beau.

334 **Hollande.** (Comte.) **Philippe II.** 1568. Florin d'or au St. André. PHS . D . G . HISP — Z . REX . C . HOL . Armoiries. Rev. DOMINVS . MIHI . ADIVTOR. St. André accosté de la date 6 — 8. v. d. Chijs pl. XXVIII.s. Or. t.b.e. Rare.

335 **Hollande** (Province. 1687. Ducaton, fr. en or. Type de Verkade pl. 42.1 avec HOL. Or. gr. 34.5. Beau. Rare.

336 **Hongrie.** (Royaume. **Maximilien II.** 1563. Ducat. Or. Superbe.

337 **Franz Joseph.** 1874. 20 Francs = 8 Florins. Or. Beau.

338 — 1874. 10 Francs = 4 Florins. Or. Beau.

339 **Indes Britanniques.** Mohur. Légende arabe. Or. gr. 12,3. Beau.

340 **Italie.** (Royaume) **Emanuel II.** 1863. 20 Lire. Or. t.b.e.

341 — 1863. 10 Lira. Or. Beau.

342 — 1863 5 Lira. Or. Beau.

343 — 1864. 50 Lira. Or. Beau.

344 — 1872. 100 Lira. Or. Beau.

345 **Umberto I.** 1879. 20 Lira. Or. F.d.c.

346 **Japan.** 5 Yen (Dollar). Or. gr. 8,3. Beau.

347 — 2 Yen. Or. gr. 3.3. Beau.

348 — Yen. Or. gr. 1.7. Beau.

349 — 10 Yen. Or. gr. 16,7. Beau.

350 — 20 Yen. Or. gr. 33,4. Beau.

351 **Java.** République batave.) 1802. **Roupie** fr. par Zwekkert à **Sourabaya.** Or. gr. 5. Beau. Rare.

352 **Juliers.** (Duché.) **Guillaume IV.** 1503. Florin d'or. Or. b.c.

353 **Liége.** (Evêché.) **Jean de Horn.** Florin d'or postulat. + IOHIS'ELC' CO' IMAT' LEODIEN Ecusson dans un triangle. Rev. ✱ SANCTVS — LAMBERTVS. Saint Lambert mitré; de Chestret 382. Or. t.b.e. Rare.

354 — Florin d'or. Variété de de Chestret n 386 avec 5 ⁕ SANCTVS Or. Beau.

355 – Florin d'or, var. inédite de de Chestret 386 avec * ⁕ SANCTVS LAMBERTV. Or. t.b.c.

356 **Madras**. (Indes britanniques. 2 Pagoda's. Pagode entourée d'étoiles. TWO PAGODAS Or. gr. 5.9. Beau.

357 **Mayence**. (Archevêché.) **Adolphe II de Nassau**. Florin d'or. ADOLP' ARC — HIEPI MA' Rev. ⁂ MONE' NOVA' AVREA MAGVN. Or. t.b.c.

358 **Mecklenbourg-Schwérin**. (Duché.) **Friedrich Franz**. 1872. 10 Mark. Or. Beau.

358*a* — 1873. 20 Mark. Or. Beau.

359 **Mecklenbourg-Strelitz**. **Friedrich Wilhelm**. 1873. 20 Mark. Or. F.d.c.

360 — 1873. 10 Mark. Or. F.d.c.

361 **Mexique**. (République. 1870. 2 Pesos. Or. gr. 3.4. Beau.

362 — 1874. 2½ Pesos. Or. gr. 4.2. Beau.

363 — 1876. 1 Peso. Or. gr. 1,7. Beau.

364 — 1877. 5 Pesos (Dollar.) Or. gr. 8,45. Beau.

365 — 1877. 10 Pesos. Or. gr. 16.95. Beau.

366 — 1877. 20 Pesos. Or. gr. 33,9. Beau.

367 **Monaco**. (Principauté.) **Charles III**. 1878. 20 Francs. Or. Beau.

368 — 1882. 100 Francs. Or. Beau.

369 **Nassau** (duché). **Friedrich August**. 1809. Ducat. Reimn. 629. Or. t.b.c.

370 **Norvège** (royaume). **Oscar II**. 1874. 20 Kroner. gr. 9. Or. Beau.

371 — 1874. 10 Kroner. gr. 4.5. Or. Beau.

372 **Nürnberg** (ville). 1613. Florin d'or. Le Saint entre 16—13. Rev. Aigle ayant en coeur N. Or. t.b.c.

373 — S. d. Quart de Ducat carré à l'agneau. Or. Beau.

374 **Oldenbourg** (duché). **Nicolas Friedrich Peter**. 1874. 10 Mark. Or. F.d.c.

375 **Olmütz** (évêché). **Rudolph Johann**. 1820. Ducat. Reimmann 852. Or. F.d.c.

376 **Oppenheim** (ville). Florin d'or sans date. + MONETA : IN : OPPENHEIN . Les armoiries du Palatinat. Rev. + S . IOH .— NNES . B . Une petite double aigle. Compz. Reimm. 951. Or. t.b.c.

377 **Overijssel** (province). Sans date. Ducat, imitation des Ducats de **Ferdinand et Isabelle** d'Espagne, au titre de **Phillippe II**. Verkade pl. 333.5. Or. Beau.

378 **Pays-Bas** (royaume). **Guillaume I**. 1825. 10 Florins. Or. t.b.c.

379 — 1827. Pièce de 5 Florins. Or. t.b.c.

380 — 1827. Cinq Florins. Or. Beau.

381 — 1840. Dix Florins. Or. F.d.c.

382 **Guillaume II**. 1842. Dix Florins. Or. F.d.c.

383 — 1843. Cinq Florins. Or. Beau.

384 **Guillaume III**. 1849. Ducat. Or. Beau.

385 — 1850. Pièce de 20 Florins (Dubbele Negotiepenning). Or. F.d.c.

386 — 1851. 10 Florins (Negotiepenning). Or. F.d.c.

387 — 1850. 5 Florins (Negotiepenning). Or. F.d.c.

388 — 1875. 10 Florins. Or. Beau.

389 **Wilhelmina** 1895. Pièce de 10 Florins. Buste de la reine à longue chevelure à g. ✶ GOD ZIJ MET ONS ✶ KONINGIN WILHELMINA. Rev. Armoiries accostées de 10 — G. dessous 1895, à l'entour KONINGRIJK DER NEDERLANDEN. Or. F.d.c. Fort rare.

390 **Pérou** (république). 1863. 5 Sols à la Liberté. Or. gr. 8. Beau.

391 — 1863. 10 Sols. Or. gr. 16.15. Beau.

392 — 1863. 20 Sols. Or. gr. 32,25. Beau. Rare.

393 **Perse**. Toman. Or. gr. 3.45. Beau.

394 — ½ Toman. Or. gr. 1.7. Beau.

395 **Iles Philippines** (Colonie espagnole). **Isabella II**. 1863. 4 Piastres. Or. gr. 6.75. Belle.

396 — 1868. 2 Piastres. Or. gr. 3.3. Belle.

397 **Portugal** (Royaume.) **Joao III**. St. Vicente. IOANNES : III : REX : PORTV. ET. AL. Grand écusson couronné. Rev. ZELATOR FIDEI VSQVE AD MORTEM. St. Vincent avec auréole debout à dr., portant navire et palme, dans le champ deux étoiles. Aragao pl. XV,7. Rare. Or. t.b.c.

398 **Louis I**. 1875. 5000 Reis. Or. Beau.

399 — 2000 Reis. Or. Beau.

400 **Prusse**. (Royaume.) **Friedrich Wilhelm I**. 1723. Ducat au buste à dr. Rev. Armoiries 17 - 23 et I . G . — N . ⚜ Or. t.b.c.

401 — 1724. Ducat. Or. t.b.c.

402 **Friedrich II**. 1745. Ducat. Aigle 17 45 et E . G . N. Or. t.b.c.

403 **Friedrich Wilhelm III**. 1840. Friedrichs d'or. Or. t.b.c.

404 **Friedrich Wilhelm IV**. 1855. Double Friedrichs d'or. Or. gr. 13,4. Beau.

405 **Rép. Batave** 1806. Ducat fr. à **Utrecht**. Or. t.b.c.

406 — 1806. Même pièce. Superbe.

407 **Reuss-Greiz**. (Principauté.) **Heinrich XXII**. 1875. 20 Mark. Or. F.d.c.

408 **Rome**. **Julius II**. Zecchine. St. Pierre dans le navire. Rossi 3880. Or. t.b.c.

409 **Pie IX**. 20 Lires de 1867 au buste du pape. Or. Beau.

410 **Rouménie**. (Principauté.) **Charles I**. 1870. 20 Lei. Or. Beau.

411 **Russie**. (Empire.) **Pierre I**. 1723. Pièce de 2 Roubles au St. André, de Chaudoir n. 531. Or. t.b.c.

412 **Cathérine II**. 1756. 10 Roubles (Impérial) Buste de l'Impératrice. Rev. Armoiries ayant en cœur l'aigle russe. Or. t.b.c.

413 **Alexandre II**. 1871. 5 Roubles. Or. gr. 6.5. Beau.

414 — 1874. 3 Roubles. Or. gr. 4. Beau.

415 **Salzbourg**. (Archevêché.) **Leonard de Keutschach**. 1500. Florin d'or. LEONARD ARCHIEPI . SALCSE. Armoiries. Rev. — SANCT . RV—DBERT EPVS. Or. t.b.c.

416 **Max Gandolf**. 1675. Ducat. Or. Superbe.

417 **Johann Ernst**, comte de Thun. 1700. ½ Ducat. Or. F.d.c.

418 **Sardaigne**. (Royaume.) **Charles Felix**. 1819. 80 Lires au buste du roi. Or. gr. 25.8. Beau.

419 **Savoie**. (Duché.) **Charles Emmanuel I**. Ducat. C . EMANVEL . D . G . DVX . SAB . 16—01. Armoiries. Rev. PAX . IN . VIRT . TVA. La Madone. Or. b.c.

420 **Saxe** (Electorat.) **Johann George** I. 16?0. Ducat en mémoire de la fête séculaire de la confession d'Augsbourg. Or. t.b.c.

421 — **Friedrich August** I. 1711. Vicariats-Ducat. Le roi à cheval. Reimm. 676. Or. Beau.

422 **Saxe** (royaume). **Albert**. 1875. 10 Mark. Or. Beau.

423 — 1877. 5 Mark. Or. Beau.

424 — 1874. 20 Mark. Or. Beau.

425 **Saxe Meiningen**. **George**. 1872. 20 Mark. Or. F.d.c.

426 **Saxe Cobourg**. **Ernest**. 1872. 20 Mark. Or. F.d.c.

427 **Schaumbourg-Lippe**. **Adolf Georg** 1874. 20 Mark. Or. F.d.c.

428. **Serbie** (principauté). **Milan**. 1879. 20 Dinara. Or. Beau.

429 **Siam** (royaume). 8 Tikal. Or. gr. 6,7. Beau.

430 — 4 Tikal. Or. gr. 3,4. Beau.

431 — 2½ Tikal. Or. gr. 1,9. Beau.

432 **Suède** (royaume). **Carl XIV**. 1818. Ducat. Or. Beau.

433 — **Oscar** I. 1854. Ducat. Or. F.d.c.

434 — **Oscar** II. 1875. 20 Kroner. Or. gr. 9. Beau.

435 — 1873. 10 Kroner. Or. gr. 4,5. Beau.

436 **Suisse** (rép. helvétique). 1873. 20 Francs. Or. Beau.

437 **Sydney** (ville). 1867. Souvereign au buste de la reine **Victoria**. Rev. *Australia* dans une couronne, au-dessus **Sydney Mint**, dessous **One Sovereign**. Or. t.b.c.

438 — 1858. Half Souvereign. Même type. Or. t.b.c

439 **Melbourne** (ville). 1875. Souvereign au buste de la reine, sous le buste *M*. Rev. St. George et le dragon. Or. t.b.c.

440 — 1877. Half Souvereign au même type. Or. t.b.c.

441 **Thorn** (abbaie). **Marguérite de Bréderode**. Ducat. FERDI. ROMA. IMPE. SEM . AVGV. Buste couronné à dr. Rev. MONE . NOVA — AVRE . THORE. La Madone avec l'enfant sur un croisant. v. d. Chijs pl. XVI,2. Or. t.b.c. Rare.

442 — Angelot. + SANCTVS × MICHAEL ARCHANGEL. Saint Michel et le dragon. Rev. MONETA × NOVA × AVREA × THORENSIS. Navire, au centre les armoiries, au dessus M - B. v. d. Chijs pl. XVII,6. Or. t.b.c, fort rare.

443 **Transvaal** (rép. Sud-Africaine). **Burgers** Président. 1874. Pound. Buste du président THOMAS FRANÇOIS BURGERS, dessous 1874. Rev. Les armoiries de la république ZUID AFRIKAANSCHE REPUBLIEK. Or. Beau. Rare.

444 **Turquie**. 1852. Medjidié. Or. gr. 7,1. Beau.

445 — ½ Medjidié. Or. gr. 3,6. Beau.

446 **Utrecht**. (Evêché). **Frédéric de Bade**. Florin d'or au St. Jean Baptiste. * + S *IOHANIE—BABTISTA. Rev. MO' * FREDERI * DE * BADEPI * TRAI. Variété de v. d. Chijs pl. XX,1. Or. a.b.c.

447 **Utrecht** (Province). S. d/ Rosenoble. vas à de Verkade. pl. 97,8. MONE — . NO — VA . etc. Or. Beau.

448 — 1760. Pièce de 14 Florins (Gouden Rijder). Or. Belle.

449 — 1760. Ducat. Or. Beau.

450 — 1766. Ducat. Or. t.b.c.

451 — 1761. Ducat. Or. t.b.c.

452 **Vénise**. **Pietro Loredano**. Doge (1567—1570) '. Zecchine. PET . LAV .
DVX S . M . VEN . St. Marc debout, devant lui le doge agenouillé.
Rev. EGO . SVM . LVX . MVN . Or. b.c. Rare.

453 **Venuzuela** (république). 1875. 5 Pesos au buste de Bolivar. Or gr.
8,05. Beau.

454 — 1879. 20 Bolívar. Or. gr. 6,45. Beau.

455 **Westfrise** (province). 1760. Ducat. Or. t.b.c.

456 **Wurttemberg. Carl**. 1872. 10 Mark. Or. Beau.

457 — 1877. 5 Mark. Or. Beau.

458 — 1873. 20 Mark. Or. Beau.

459 **Zélande** (province). S. d. Double Ducat imitation des **doubles Ducats**
de Ferdinand et Isabelle d'Espagne, au titre de **Philippe II**. Verkade.
pl. 78,1. Or. t.b.c.

MONNAIES EN ARGENT.

460 **Aire** (Ville). 1710. assiégée par les princes **d'Orange et d'Anhalt-Dessau**
Obsidional de 25 Sols. Compz. Maill. Suppl. pl. **A** n 2. Ar. Belle.
Octogone.

461 **Allemagne-Autriche** (empire). **Léopold I**. S. d. Double thaler fr. pour
le Tirol. Ar. Beau.

462 **Léopold II** 1691. Breiter thaler et un thaler sans date de l'archiduc.
Ferdinand pour Tirol. Ar. 2 ps.

463 **Carl VI**. 1713. Thaler pour le Tirol. Ar. Beau.

464 **Franz Jozeph I**. 1879. Double florin en mémoire des noces d'argent.
Schwalb. 174. Ar. Beau.

465 **Alsace** (Landgraviat). **Ferdinand**. Thaler. Engel et Lehr pl. V n 1. Ar. t.b.c.

466 **Léopold** 1623. Thaler. Eng. et Lehr, pl. IX n. 10. Ar. a.b.c.

467 **Angleterre** (royaume). **Victoria**. 1847. Crown. Essai fr sur flan bruni.
Ar. Beau.

468 **Anhalt-Bernburg** (duché). **Victor Friedrich**. 1729. Gulden. Ar. t.b.c.

469 **Alexius Friedrich Christian**. 1809. Florin. Reimm. 3059. Ar. t.b.c.

470 — Les duchés réunis. **Léopold Friedrich**. 1863. Gedenkthaler. Schwalb. 9.
Ar. F.d c.

471 **Augsbourg** (ville). 1625. Thaler. Ar. Beau.

472 — 1626. Thaler. AVGVSTA . VIN—DELICORVM. L'écusson de la
ville dans un entourage orné. Ar. t.b.c.

473 — 1627. Thaler. Vue de la ville. Rev. Double aigle impériale. Ar. Beau.

474 **Baar** (Baronnie). **Dietrich de Bronckhorst**. Thaler au St. Ludère. MONE-
TA : NOVA : ARGENT . I . B . BA. Ar. a.b.c.

475 **Bade** (duché). **Carl Friedrich**. 1765. Thaler de convention. Ad. Meijer
2719. Ar. b c.

476 **Bamberg** (Evêché). **Christoph Franz**. 1800. Thaler de convention. Reimm.
2521. Ar. t.b.c.

477 **Bavière** (Electorat). **Carl Théodore**. 1786. Thaler à la madone. Ar. t.b.c.

478 — (royaume). **Maximilien Joseph**. 1806. Thaler de convention. Reimm.
1183. Ar. b.c.

479 **Ludwig I**. 1828. Conventionsthaler. *Segen des Himmels*. Ar. F.d.c.

480 — 1842. Double thaler. Mariage du prince royal. Schwalb 28. Ar. t.b.c.

481 **Maximilien** II. 1855. Double florin. *Mariensäule.* Schwalb 42. Ar. t.b.c.

482 **Ludwig** II. 1866. Thaler à la Madone. Schwalb 50. Ar. t.b.c.

483 **Belgique** (royaume). **Léopold** I. 1847. 5 Francs par Braemt. Essai fr. sur flan bruni. Ar. F.d.c.

484 **Berg** ('s Heerenberg). Comté. **Guillaume** IV. Ecu au St. Oswald. Ar. t.b.c.

485 **Besançon** (ville). 1660. Ecu à Charles V. debout. Ar. t.b.c.

486 **Bohème** (Directoire). 1619. Kuttenberger 2ter (24 Kreuzer). Av. Couronne. Rev. Le lion bohémien. Brause pl. 35,12. Mailliet pl. XV,2. Ar. b.c.

487 **Frédéric du Palatinat.** 1620. 48 Kreuzer de **Jochimsthal**. Buste couronné à dr. dessous (48) M. M. tête de lion. Brause pl. 36,17. Ar. t.b.c.

488 **Bologne** (ville). 1796. Scudo. Ar. t.b.c.

489 **Brabant** (duché). **Jean** II. Gros au portail de **Maestricht**. MONETA . TRICHT. de Witte pl. XII n 305, var. de v. d. Chijs pl. VI,10. Ar. t.b.c.

490 – Les Etats. 1584. Demi Ecu Robustus. de Witte pl. XLIX, n. 803. Ar. t.b.c.

491 **Philippe** II. 1590. Ecu Philippe fr. à Anvers. Compz. de Witte pl. LII,833. Ar. t.b.c.

492 **Albert** et **Elisabeth**. 1618. Ducaton fr. à Anvers aux bustes accolés à dr. Ar. t.b.c.

493 **Brandebourg-Ansbach.** **Friedrich, Albert** et **Christian.** 1627. Thaler aux trois bustes. Reimm. 3268. Ar. t.b.c.

494 **Alexandre.** 1779. Thaler. L'ordre de l'aigle rouge réconstruit Sch. 6233. Reimm. 3299. Beau.

495 **Bayreuth. Friedrich.** 1763. Thaler sur sa mort. Schulth 6125. Ar. b.c.

496 **Prusse. Friedrich Wilhelm.** 1662. ¹/₃ Thaler (Kippermünze). Henckel 808. t.b.c.

497 — 1679. ¹/₃ Gulden (Krossen). Ar. b.c.

498 **Friedrich** II. 1689. **Gulden.** Les armoiries accostées de LC—S. Ar. t.b.c.

499 — 1690. Même pièce. Ar. t.b.c.

500 — 1690. **Gulden.** Les armoiries accostées de I -E (Magdebourg). Ar. t.b.c.

501 — 1690. **Gulden.** sous le buste B—H (Minden). Ar. t.b.c.

502 **Breisach** (Ville). 1633 Obsidionale de 18 Kreuzer. Maill. pl. 21.4. Ar. t.b.c.

503 **Brême** (ville). 1650. Thaler. Jungk 484. Ar. Beau.

504 — 1863. Thaler (Thaler Gold). Jubilé de la délivrance d'Allemagne. Schwalb. 66. Beau.

505 — 1865. Thaler. Tir fédéral. Schwalb 68. Beau.

506 — 1871. Thaler en mémoire de la paix. Schwalb 69. Beau.

507 **Brunswick-Wolfenbüttel** (duché). **Heinrich** (1514—1568) Thaler de 1551. Buste à g. HENRI — D. G. BR—VNS . E—LVNEB . Reimm. n. 3349. Ar. b.c. Rare.

508 **Julius**. 1586. Lichtthaler. Knyph. 7386. Ar. t.b.c.

509 **Heinrich Julius**. 1609. Quintuple Thaler. Le duc à cheval à g, tenant bâton de commandant, dessous une ville * HENRICUS * IULIUS * DEI * GRA * POSTULAT, * EPISCOPUS * HALBERSTAD * DUX * BRUNSVIC * ET * LUNE. Rev. Ecusson timbré de cinq heaumes dans un cartouche richement orné, dessous dans un oval [5] * HONESTVM * PRO — PATRIA * 1609. Madai !119. Schulth 6551. Ar. Beau. Fort rare.

510 — 1591. Thaler au buste à g. entre 15 – 91. Compz. Schulth. 6467. Ar. t.b.c.

511 — 1596. Thaler (Lugenthaler). Schulth. 6491. Ar. b.c.

512 — 1597. Thaler. (Wahrheitsthaler). Schulth. 6494. Ar. t.b.c.

513 **Friedrich Ulrich.** 1621. Kipper 12er FRI . VL . D . G . — R . V . BRV. Sauvage entre IZ—61 (sic) Rev. F . II . D . G . D . O . T . M . S . E . M . I . Double aigle ayant en coeur **12**. Ar. b.c. Rare.

514 **Friedrich.** 1648. ½ Thaler. V . G . G . FRIDERICH HERTZOG ZU BR . U . L . Buste à dr. Rev. FRIED ERNEHRT . UNFRIED VERZ . Armoiries accostées de 1 – 6 Knyph 8449 Ar. t.b.c.

L—W

4—8

515 **August.** 1640. Thaler. Son buste à g. Rev. ALLES MIT BEDACHT 1640. H. S. Ar. t.b.c.

516 — 1648. Thaler. Son buste à g. Rev. ALLES . MIT . BEDACHT . 1648. Reinm. 3562. Ar. t.b.c.

517 **Rudolf August** et **Anton Ulrich.** 1700. Thaler. Bustes accolés à dr. Rev. DVOBVS FVLCRIS SECVRIVS. à l'exergue. R. 1700. Ar. t.b.c.

518 **Carl.** 1765. ²/₃ thaler au buste et **Carl Wilh. Ferdinand.** 1786. XVI Gute Groschen. 2 p.s. Ar.

519 **Wilhelm.** 1856. Double thaler. sur son règne de 25 ans. Schwalb 64. Beau.

520 — Même pièce. Ar. t.b.c.

521 — **Lünebourg. George.** 1641. Thaler au buste à g. GEORG . HERTZOG . ZU . BRAUNS UND . LUNEB : Schulth 7114. Anm. Ar. Beau.

522 **George I.** 1718. Thaler au buste à dr. GEORGIUS . D . G . MAG . BRIT . FR . ET . HIB . REX . F . D . sous le buste H . C . B. Rev. Armoiries. BRUN . ET . LUN . DUX . S . R . I . ARCHITH . ET . EL . 17 –18. Schulth 7402 sans inscription sur tranche. Ar. t.b.c.

523 **Campen** (ville). 1672. Assiégée par l'évêque de Munster. Rijksdaelder obsidional. Les armoiries de la ville, dessous CAMPEN. Mailliet pl. 23,9. Ar. a.b.c.

524 — 1659. Rijksdaelder fr. en piedfort. Verk. pl. 161,4. Ar. gr. 55.5. Beau et rare.

525 — 1664. Ducaton. Compz. Verk. pl. 159,3. Ar. t.b.c.

526 **Carmagnola. Michel Antoine.** Marquis de **Salluzzo** (1504—1528). Cavallotta. MICHAEL : ANT - M : SALVTIARV. Armoiries surmontées d'un heaume. Rev. S—ANCTVS : CONSTANTIVS. Le Saint à cheval à dr. Ar. t.b.c.

527 **Cologne** (Archevêché). **Waleram de Juliers.** Gros tournois de Deutz. MONETA : TVYCIEN. Ar. t.b.c.

528 **Joseph Clément.** 1694. ½ Thaler. Reinm. 2294. Ar. t.b.c.

529 **Danemarc** (royaume). s.d. 1½, Dickthaler. Buste de **Frédéric IV** à dr. FRID . IV . D . G . DAN . NOR . VA . GO . REX. Rev. Buste de **Christian V** à dr. CHRIST . V . D . G . DAN . NOR . VA . GO . REX, avec double inscription sur tranche. Ar. gr. 45. Beau.

530 **Christian V.** 1675. Pièce de VIII Mark. Le roi à cheval. Rev. VIII . MARCK . — PANSKE . 1675. Reinm. 1299. Ar. b.c. Rare.

531 **Deventer, Campen et Zwolle** (villes). (1538). Thaler de convention fr. à Deventer. * MO' * NO' * TRIV * CIV—IT' * IMPERIA. St. Lébuin debout de face, avec auréole, portant fanon croisé et l'évangile. Rev. Les écussons des trois villes posés en triangle. + DAVENTRIE +

CAMPENSIS ╪ ZWOLLENSIS. Var. de v. d. Chijs pl. III.9. Ar. Beau.
Rarissime

532 — 1555. Demi thaler au buste de **Charles** V à dr. entre la date 15 - 55.
Rev. Les trois écussons posés en triangle. Comparez v. d. Chijs pl.
VI,38. Ar. b.c.

533 — 1561. Snaphaen ou Dubbele Flabbe. Compz. v. d. Chijs pl. VIII.49.
Ar. b.c.

534 **Erfurt** (ville). 1622. Groschen. MON . ARG . CIVI . ERFFORD 1622.
Ar. t.b.c.

535 **Flandre** (comte). **François d'Anjou duc d'Alençon.** Cavalier (quart d'écu).
Le duc à cheval à dr. dessous FLAND. FRANCISCVS . F . FR . D :
G . DVX . BRAB . CO . FLANDR. Rev. Armoiries. CONCOR—DIA .
RES—PARVAE . CRESCVT. Ar. b.c. fort rare

536 **Florence** (duché). **Ferdinand I.** 1588 et 1600. Giulio. Ar. t.b.c. 2 pièces

537 — **Ferdinand II.** 1621. Scudo de Pisa. Ar. a.b.c.

538 **France. Philippe IV.** Gros tournois et un Gros au lion de **Louis II de
Male** comte de **Flandre.** Ar. 2 ps.

539 **Louis XVI.** 1792. Écu de six livres. Ar. t.b.c.

540 — 1792 Monnéron à l'obélisque et à l'Hercule. Essai en étain. Ar. Beau.

541 **Bonaparte** 1er consul. AN XI. 5 Francs fr. à Paris par Tiolier. Ar. F d.c.

542 **Napoléon** Ier. 1807. Essai en cuivre d'une pièce de 100 Francs par Vas.
Buste de l'empereur nu presque de face. Ae. F.d.c.

543 **Napoléon Ier.** 1811 5 Francs fr. à Limoges et an 13, 5 francs fr. à Paris.
Ar. 2 ps. b.c

544 **Louis XVIII** 1815. 5 Francs (Limoges) **Charles X.** 1823. 5 Francs (Bayonne)
et 5 Francs de l'an 7 Ar. 3 pièces.

545 **Louis Napoléon Bonaparte.** 1852. Essai de 5 Francs par Barre. Ar. Superbe

546 **Napoléon III.** 1855. 5 Francs par Bouvet. Ar. F.d.c.

547 **Frankenthal** (Ville) 1623. Monnaie obsidionale de 2 Florins. ✠ GOTT o
IST o VNSER o ECKSTEIN. Reinm. 6948 Ar. t.b.c. Fort rare.

548 **Frankfurt a/M** (ville) 1627. Thaler MONETA . NOVA . REIPVB .
FRANCOFVRTENSIS. Rev. FERDINANDVS . D . G . ROM . IMP .
SEMP . AVGVST 1627. Ar. t.b.c.

549 1764. Thaler. Madai 5536 avec C * P.C.B. * N. Ar. b.c.

550 1841. Double Thaler. Vue de la ville. Schw. 71. Ar. t.b.c.

551 — 1843. Double thaler. Vue de la ville. Schwalb. 72. t.b.c.

552 — 1843. Double thaler. Aigle couronnée. Schwalb. 71. Beau.

553 — 1848. Doppelgulden. L'archiduc Johann. Schwalb 75. Ar. t.b.c.

554 — 1849. Double florin en mémoire de Goethe. Schwalb. 77. Superbe.

555 — 1859. Thaler en mémoire de Schiller. Schwalb. 80. Ar. Beau.

556 — 1862. Thaler, tir fédéral. Schwalb. 84. Ar. t.b.c.

557 — 1863. Gedenkthaler. Fürstentag zu Frankfurt am Main. Schwalb. 85.
Ar. Beau.

558 **Fribourg en Bade** (Ville). 1571. Thaler. (Guldenthaler). ✠ MON NO
CIVITATIS * FRIBVRGENSIS . BRI. Armoiries de la ville entre 15 - 71.
Rev. ✠ FERD * D * G * RO * IMP * S * AVG. * GER * HVN * BO * REX.
Buste couronné à dr. tenant sceptre et globe impériale. Ar. t.b.c. Rare

559 **Frise** (province). 1582. Écu au cavalier. (Rijderdaelder). Var. de Verkade. pl. 119.1. Ar. t.b.c.

560 — 1582 Snaphaen pl. 128 n. 2. Ar. t.b.c.

561 — 1696. Deux Florins pl. 120 2. Ar. Beau.

562 **Gennep** (Seigneurie en Limbourg) Rénaud I de Bréderode 1390. Denier au lion + REINOL   DE BREDER . Lion. Rev. Croix coupant ... ON ETA GEN PES. Ar. b.c. Inconnue.

Par son mariage avec Jeanne de Gennep, Rénaud entra en possession de cette seigneurie, de quel seigneur nous n'avions pas encore retrouvé jusqu'à ce jour des traces numismatiques.

563 **Groningue** (ville) Thaler (Rijksdaelder) au St. Jean portant l'écusson de la ville MONE . NOVA : ARG GRONINGENSIS . 1601. Rev. RVDOL o II o ROMANO o IMPE o SEMPER o AVGV. Verkade pl. 184. 2. Ar. t.b.c.

564 Pièces de VIII Sous de 1626 et 1627 et obsidionale de 6½ Sous de 1672. Ar. 6 pièces.

565 (province) 1682. Ducaton. Verkade pl. 179. 3. Ar. t.b.c.

566 1683. Rijksdaelder pl. 179. 4. Ar. Beau.

567 **Gueldre** (duché). **Philippe II** 1557. Ecu Philippe au titre d'Angleterre v. d. Chijs pl. XXV. 9. Ar. t.b.c.

568 **Philippe II.** 1568. Ecu à la croix de Bourgogne v. d. Chijs pl. XXVII,32. Ar.

569 (province). 1591 Ecu à la croix de Bourgogne. de Voogt n. 64. Ar. 2 ps.

570 — 1591. Variété avec des points au lieu de croisettes entre les mots du revers. Ar.

571 1592. Même pièce, de Voogt 66. Ar.

573 s.d. Couronne d'argent? Essai d'une monnaie non émise. CONFIDENS. DNO NON . MOVETVR. Unicorne, chevalier armé debout devant lui; les armoiries couronnées de la Gueldre. Rev. VT : AQVILA : ARDVA : PETIT. Double aigle couronnée. de Voogt 341. Verkade pl. 223.1. (Rynbende n. 147 II. 74). Ar. gr. 20,5. t.b.c. Rarissime.

574 1755. Rijksdaelder 1r. en piedfort. MO . ARG . PRO . CONF . BELG . D . GEL . & . C . Z. de Voogt n. 163. Ar. gr. 56. Beau.

575 **Hall** am Kocher (ville) 1746. Demi thaler. MONETA NOVA REIPU-BLIC HALLE SVEVICÆ fut troué. Ar. t.b.c.

576 **Hameln** (ville). 1669. VI Mariengroschen. CIVIT . QUERN HAMELN. Ar. b.c.

577 **Hanau-Lichtenberg**. **Friedrich Casimir.** 1675. Florin. Reimm. 5073. Ar. t.b.c.

578 **Hanovre** (royaume). **George** V. 1863. Krone. Or. t.b.c.

579 — 1865. Thaler en mémoire de la victoire de Waterloo. Schw. 112. Ar. t.b.c.

580 **Hesse** (Landgraviat). **Philippe** 1552 Thaler PHILIP . D . G . LANDG . HASSIE C . K . D . Z . S . A 1552. FIER . FE ✿ Buste à g. avec bâton de commandant. Rev. HESS . LAND . V . LVD . V . LORN . ALS . EN . FALSCH . AID . GESCHWORN. Cinq écussons dans le champ et P—SE—D—S. Reimm. 3088. Madai 1240. Ar. a.b.c. Rare.

581 **Hombourg**. **Friedrich**. 1692. Gulden (½ Thaler) FRIDERICVS . D . G . LANDGRAV . HASS : D . H. Buste à dr. Rev. MONETA NOVA AR-GENT . HASS . HOMBVRG 1692 Armoiries entre R—A, au dessous (½) Ar. t.b.c. authenticité douteuse.

582 **Hohnstein** (duché) **Ernst** VII. 1589 Thaler Ar. t.b.c.

583 **Hollande** (province) 1586. Leicester Daelder. Verkade pl. 434 Ar. t.b.c.

584 1577. Ecu au lion. Verkade pl. 48,2. Ar.

585 — Même pièce. Verkade pl. 48.3. Ar.

586 1591. Ecu heaumé. Verkade pl. 45,3. Ar.

587 1671. Ducaton avec inscription sur tranche NERVOS etc. Verkade pl. 41,3 De beau style. Ar. Rare Superbe.

588 1673. Ducaton frappé en piedfort, pl. 42,1. Ar. gr. 65. t.b.c. Rare.

589 1673. Ducaton fr. à Amsterdam en piedfort. Compz. Verk. pl. 45,3 Ar. t.b.c.

590 1680. 3 Florins au lion remplissant tout le champ. Verkade pl. 50,1 Ar. Beau.

591 — Florin au même type, pl. 50,2. Ar. t.b.c.

592 1687. Deux Florins, pl. 51,2. Ar. t.b.c.

593 1739. Ducaton fr. pour les Indes-orientales. Ar. Beau.

594 1751. Rijksdaelder. Compz. pl 47,4. Ar. F.d.c.

595 **Hollande** (royaume) **Louis Napoléon** 1807. 50 Sous. Nahuys pl. VII, 43. Ar. t.b.c.

596 1808. Pièce de 2½ florins. Nahuys pl. VIII, 57. Ar. Beau

597 — Même pièce. Essai en cuivre t.b.c. Fort rare.

598 — 50 Sous. Ar. t.b.c.

599 1809. Pièce de 2½ Florins (Rijksdaelder) Nahuys pl. XII,82. Ar. t.b.c.

600 — Florin pl. VIII. 58. Ar. t.b.c.

601 — Demi Florin, pl. VIII, 59. Ar. Beau.

602 **Holstein-Gottorp** (duché). **Friedrich IV.** 1700. Thaler. Buste à dr. FRI-DERIC . D . G . DVX . SVPREMVS . SLES . Rev. Armoiries. CON-STANTIA . ET . LABORE 1700. Madai 3783. Ar. t.b.c. Rare.

604 **Hongrie** (royaume). **Joseph II.** 1783. Thaler à la Madone. Ar. t.b.c.

605 **Hornes** (comté). **Philippe de Montmorency.** Thaler de Weert au St. Martin à cheval à dr. v. d. Chijs pl. XII,14. Ar. t.b.c.

606 **Juliers** (duché). **Guillaume V.** s.d. Thaler. Buste à g. IN o DEO o SPES o MEA o GVILHELMVS o D o G. Rev. Armoiries. DVX o IVL o CLIV o ET o BERG o COM o MAR o RA. Madai 1303. Ar. t.b.c.

607 **Kaufbeuern** (ville). 1542. Thaler. Reimm. 9991. Ar. a.b.c.

608 **Leuchtenberg. George III.** 1548. Thaler. MO x DNI x GEORG x LANDGR x LEVCHTE. Rev. Double aigle. CAROLVS x V x ROMA x IMP x SE x AV x 1548. Ar. t.b.c.

609 **Liége** (Evêché). **George d'Autriche.** 1550. Ecu au St. George GEORGIVS * AB * AVSTRIA * DEI * GRA. Armoiries heaumées accostées de 15—50. Rev. EPS' * LEOD' — * DVX * BVLL' * CO' — * LOSSE' St. George à g. terrassant le dragon. Compz. de Chestret pl. XXXI,485. Ar. t.b.c.

610 **Gérard de Groesbeeck.** 1567. Demi Ecu. Compz. de Chestret pl. XXXV n. 515. Ar. b.c.

611 **Lippe** (Schaumbourg-Lippe). **Georg Wilhelm.** 1857. Double thaler. jubilé sémi-séculaire de son règne. Schwalb. 143. Ar. Beau.

612 **Lucca** (ville). (Otton IV empereur). Grosso S . VVLT' . DE LVCA . Tête de face. Ar. t.b.c.

613 **Magdebourg** (Archevêché). **Albert margrave de Brandebourg.** 1538. Thaler au buste avec barette à dr. Schulthess. 3403. Ar. t.b.c. Rare

614 **August.** 1638. Thaler. MONE . ARCHIEPISCOPATVS MAGDEBVRG. Armoiries heaumées en . 16—38. Rev SANCTVS . MAVRITIVS. Le Saint debout. Reimm. 2925. Schulm 5456. Ar. t.b.c.

615 **Mansfeld** (comté). Ernst II. Hoyer VI. Gebhard VII et **Albert VII.** 1531. Thaler au St. George. Ar. t.b.c.

616 **Mantua** (ville). 1629, assiégée par les troupes impériales. Demi Thaler. NIHIS . ISTO . — TRISTE . RECEPTO . à l'ex : MANTVÆ. Maill: Suppl. 55,1. Ar. b.c.

617 **Mayence** (Archevêché). **Anselm Casimir Wamboldt von Umstadt.** 1642. Thaler. ASSELM . CASIMIRVS . D: G : ARCHIEPI . MOG : S . ROM . IMP . PER . G—ER . ARC . CANC. Armoiries heaumées. Rev. Dans une couronne de laurier en six lignes. S. Augustinus — *Bellum Pacis Pater Nulla Salus Bello — Bruna te posemus — Oraes —.* 1642. Schulth 354. Ar. Fort rare.

618 **Emmerich Joseph** 1768. Thaler de convention. Reimm. 2373. Ar. b.c.

619 — 1765. Thaler de convention. Reimm. 2371. Ar. Beau.

620 **Metz** (ville) Gros . . STEPh' '& — ROThO' * M' * St. Etienne agenouillé à g. Ar. b.c.

621 Tiers de gros, var. avec S STEP— h PROTHO. Rare Ar. t.b.c.

622 1639 Thaler. & MONETA CIVITA . METENSIS 1639. Armoiries dans un cartouche orné. Rev. ✠ S . STEPHANVS PROTOMARTIR. Buste avec auréole à g. Ar. t.b.c.

623 **Milan** (1250—1310). Grosso au St. Ambroise assis. Ar. Beau

624 **Munster** (Evêché). **Christoph Bernhard von Galen.** 1652. Thaler. Schulth. 4542. Ar. t.b.c.

625 1661 Double thaler en mémoire de la prise de la ville de Münster. Madai 841. Sch. 4515. Ar. Gr. 58. Beau.

626 — 1661. Thaler au même sujet. Sch. 4546. Reimm. 2671. Ar. Beau.

627 — 1678. Thaler sur son décès. Armoiries à cinq heaumes, Madai 842. Schulth. 4549. Ar. t.b.c.

628 **Siège vacant.** 1705. Thaler avec vue de la cathédrale. Reimm. 2684. Ar. t.b.c.

629 **Siège vacant.** 1801. Thaler de convention. CAPIT : CATH . MONAS-TERIENSE SEDE VACANTE 1801. Ar. Beau.

630 — (ville). 1660. Assiégée par l'évêque Christoph Bernhard. Thaler obsidional. Mailliet pl. 87,2. Ar. t.b.c.

631 — 1660. ½ Thaler obsidional. Mailliet pl. 87,3. Ar. t.b.c.

632 **Nassau** (*Dillenburg*). Duché. **Johann Franz, Heinrich, Wilhelm Moritz, Heinrich Casimir et Franz Alexander.** 1681. Thaler ❀ IOHAN : FRANC . HENRIC . GVIL . MAVR . HENR : CASIM . FRANC : ALEXAND. Les cinq princes de face, à l'exergue 1681. Rev. D . G . NASSOVIE PRINCIP. COM . CATIMELIB . VIAND . ET . DEC . DOM . IN . BEILST GOH (Meyer). Armoiries tenues de deux lions, sous le lien à g. IDS. Madai 1365. Isenbeck. pl. VII,158. Ar. t.b.c. Rare.

633 — **Holzapfel.** Elisabeth Charlotte de Schaumburg comtesse de **Holtzapfel,** veuve d'Adolphe (1653- 1676) 15 Kreuzer de 1685. ELISAB : CHARL — F . Z . N . Z . HOLT'. Armoiries couronnées entre 1—6 au-dessous (XV).

8 5

Rev. SPES-NASCIA—FALLI — Conrad- B(ethmann). Un vaisseau et un autre soufflé par les vents. Isenbeck pl. IX n 277. Ar. doré. a.b.c. Extrèmement rare.

634 **Adolph.** 1814. Double thaler. Isenbeck pl. V,180a. Schwalb 152. Ar. t.b.c. Rare.

635 — 1864. Thaler en mémoire du règne de 25 ans. Schwalb 157. Ar. t.b.c.

636 **Nimègue** (ville). 1704. Daelder de 30 Sous. Verk. pl. 21,5. Ar. t.b.c.

637 **Nordlingen** (ville). 1516. Batzen. + MONETA . NOVA . NORDLIN-GENS. Armoiries juxtaposées, au dessus 1516, au-dessous M. Rev. Buste de l'empereur Maximilien. Ar. t.b.c.

638 **Norvège** (royaume). **Christian V.** 1679. Thaler au buste à dr. Compz. Schulth 1584. Ar. Beau.

639 **Nürnberg** (ville). 1605. Guldenthaler. RESPVB NVRENBERG F . F . M . D . CV. Ar. t.b.c.

640 — 1624. Thaler. Reimm. 6968. Ar. t.b.c.

641 — 1696. Thaler. Reimm. 10078, Madai 2312. Ar. a.b.c.

642 — 1758. Thaler de convention. 17—58 entre les deux écussons. Ar. a.b.c.

643 — 1767. Thaler. X . E . FEINE . M. Ar. t.b.c.

644 **Oettingen. Albert Ernst.** 1675. Gulden. DOMINVS . PROVIDEBIT + 60. Dans le champ monogramme couronné entre 16—75. Rev. Le chien marchant à g. VIGILANTIA ET FIDELITATE. Ar. t.b.c.

645 **Oldenbourg** (duché). **Anton Günther.** 1658. Demi thaler de 24 Gros au buste de face. Ar. a.b.c.

646 **Olmütz** (Evêché). **Wolfgang** comte de **Schrattenbach** 1722. Thaler. Reimm. 2393. Sch. 3663. Ar. t.b.c.

647 **Osnabrück** (Evêché). 1698. **Siége vacant.** Thaler. Madai 861. Schulth. 4617. Ar. F.d.c.

648 — 1728. **Siége vacant.** Thaler. Madai 3361. Sch. 4625. Ar. F.d.c.

649 — 1761. **Siége vacant.** Thaler. Madai 3362. Sch. 4626. Ar. F.d.c.

650 **Overijssel** (seigneurie). **Philippe II.** 1563. Piedfort de l'écu Philippe PHS . DEI . G . HISP . REX . D . TRS . ISSV . 15 + 63. Buste du roi à g. Rev. DOMINVS . MIC — HI . ADIVTOR + v. d. Chijs pl. XVIII . 6. Ar. Gr. 69. t.b.c. Fort rare.

651 — (province). 1678. Ecu des Etats (Statendaelder). Verkade pl. 141,3. Ar. b.c. Rare.

652 — 1619. Double Sou. Essai carrée. var: de Verk. pl. 142,2. Ar. Beau.

653 **Paderborn** (Evêché). **Hermann Werner.** 1693. Thaler. HERMAN WERNER . D . G . EPS . PADERB . R . I . PRINCEPS . et S. ANTONIVS DE PADVA . St. Antoine tenant l'enfant. Schulth. 4657. Ar. Beau. Rare.

654 — Siége vacant de 1761. Thaler. Schulth. 4670. Ar. Beau.

655 **Pays-Bas** (royaume). **Guillaume I** 1817. 25 Cents à l'enfant au maillot. Ar. b.c. Rare.

656 — 1819. 10 Cents. Essai Ar. F.d.c.

657 **Guillaume II** 1843. Essai de 10 Cents au W. gothique. Ar. F.d.c. Rare.

658 1846. 2½ Florin. Essai fr. sur flan bruni. Ar. Superbe.

659 — Demi Florin. Essai sur flan bruni. Ar. F.d.c.

660 — Florin. Essai fr. sur flan bruni. Ar. Superbe.

661 1848. 5 Cents. Essai fr. sur flan bruni. Ar. Fort rare, Superbe.

662 **Guillaume III.** 1865. Florin. Ar. Beau.

663 **Pologne** (royaume) **Sigimund III.** 1630. Thaler. Ad. Meijer 938. Ar. t.b.c.

664 **Prusse** (royaume). **Friedrich II** 1753 et 1757. 8 Gute Groschen. Ar. t.b.c. 2 ps.

665 1764. Reichsthaler fr. à Magdebourg 17 F G4. Ar. t.b.c.

666 1765. Demi thaler 17 A 65. Ar. t.b.c.

667 1786. Reichsthaler 17 A 86 et 1752. même pièce, à l'exergue C.L.R. 2 ps. Ar.

668 **Friedrich Wilhelm II** 1792. Gulden. Ar. b.c.

669 **Friedrich Wilhelm IV** 1841. Double thaler. Schwalb. 191. **Ar. Beau.**

670 **Wilhelm** 1871. Thaler sur la victoire. Ar. t.b.c.

671 **Raguse** (ville) 1777. Tallero Ar. t.b.c.

672 **Ratisbonne** (Evêché). **Siége vacant** 1787. Thaler. Reimm. 2774. **Ar.** De toute beauté.

673 -- Ville 1756. Thaler avec vue de la ville, par Loos Reimm. 10099. **Ar.** Beau.

674 1774. Demi thaler. avec vue de la ville. Ar. t.b.c.

675 **Ratzebourg** (Evêché) **August.** 1635. Thaler. Schulth. 4714. Ar. t.b.c.

676 **Rép. Batave.** Zélande 1798. Rijksdaelder fr. à Middelbourg. **Ar.** t.b.c.

677 **Hollande** 1800. Pièce de 3 Florins fr. à Dordrecht. Ar. t.b.c. Rare.

678 **République Cisalpine** Soldi 30. An IX. PACE CELEBRATA etc. **Ar.** Beau.

679 **Russie** (Empire) **Alexis Mikhailovitch** tsar. 1655. Ecu à la croix de Bourgogne aux contremarques russes. le Tsar à cheval à dr. et 1655. Ar. t.b.c.

680 **Alexandre II** 1859. Rouble à la statue équestre de l'empereur Nicolas. **Ar.** F.d.c.

681 **St. Galle** (Evêché). **Beda Anghern.** 1780. Thaler. Reimm. 2918. **Ar.** t.b.c.

682 **Saint-Trond. Elienne de Bar.** Denier. STEPHAN. Buste à g. Rev. Edifice à trois tours entre deux croisettes. Revue Belge 1853 pl. V,15. Ar. Beau. Rare.

683 **Salzbourg** (Archevêché). **Michael seigneur de Khuenburg.** 1559. Thaler. MICHAEL . D . G . ARCHIEPS . SALZ . APO . SE . LEG. Rev. Le saint assis SANCTVS . RVDBERTVS . EPVS . SALZBVRGEN . troué. Ar. b.c.

684 **Wolfgang Théodorick.** 1593. Thaler carré. SANCTVS . RVDBE–RTVS . EPS . SALISBV Rev. RESISTIT + M. D. XCIII. IMMOTA. Ar. t.b.c.

685 s.d. Thaler. Schulth 3770. Reimm 2427. Ar. t.b.c.

686 **Paris** comte de **Lodron.** ½ thaler carré de 1644 et **Guidobald** comte de Thun, ½ thaler carré de 1656 et 1660. Ar. 3 pièces.

687 **Maximilian Gandolf** 1669. ½ thaler carrée. Ar. t.b.c. troué.

688 **Sigismund** comte de Schrattenbach. 1761 Thaler au buste à dr. Rev. Les deux écussons juxtaposés. Ar. F.d.c.

689 **Hieronymus.** 1802. Thaler au buste. Ar. Beau.

690 -- 1778 et 1795. 20 Kreuzer. Ar. t.b.c. 2 ps.

691 **Saxe** (branche Ernestine) **Johann Friedrich et Heinrich.** Thaler de 1540. Ar. a.b.c.

692 **Johann Friedrich et Moritz.** 1546. ¼ thaler. Compz. Reimm. 4457. Ar. a.b.c.

693 **Johann Philipp, Friedrich Johann Wilhelm et Friedrich Wilhelm II.** 1623. ¼ Thaler. Buste du duc **Johann Philippe** à dr. dessus 16--23. D . G : IO . PHIL : FRID : IO . WIL . ET . FRID : WIL . FRAT. Rev. Armoiries entre W--A DVC: SAXON : IVL : CLIV : ET . MONT : LIN : ALDENBV. Ar. t.b.c.

694 **Saxe. Albertine-Maurice** 1552. Ortsthaler. Ar. b.c.

695 **August** 1578. Thaler AVGVSTVS . D : G . DVX . SAXO . SA . ROMA . IMP. Ar. t.b.c.

696 **Christian II et ses frères** 1601. ½ thaler aux trois bustes. **Johann George III** 1689. ⅓ thaler et **Friedrich III** 1765. ¼ thaler. Ar. 3 ps

697 — 1605. Demi thaler. Buste à dr. Rev. Bustes de Joh. George et d'August.
Ar. t.b.c.

698 **Johann George I.** 1619. Vicariatsthaler. Reimm. 4738, Ar. t.b.c.

699 — 1620. Thaler. Reimm. 4742. Mad. 551. Ar. t.b.c.

700 1620. Thaler de 40 Gros. Un ange tenant l'écusson. Ar. t.b.c.

701 1630. Thaler. Jubilé de la confession d'Augsbourg, aux bustes des électeurs **Johann et Johann Georg.** Reimm. 4752. Ar. t.b.c.

702 1637 et 1643. ½ thaler au buste à dr. Ar. t.b. 2 ps.

703 1656. Thaler sur sa mort. Reimm. 4758. Ar. t.b.c.

704 **Johann Georg II** 1657. Vicariatschaler. L'électeur à cheval. Reimm. 4765.
Madai 2986. Madai 541. Ar. t.b.c.

705 1662. Thaler carré du tir ⚜ MEDIANTE DEO ET AMORE ⚜ EXIS
TENTE PACE & CONCORDIA. Reimm. 4771. Ar. Beau.

706 1666. Thaler au buste à dr. Rev. Ecusson à huit heaumes Ar. t.b.c.

707 1680. ⅓ thaler au buste. Ar. b.c.

708 **Johann George III,** 1691. Thaler sur sa mort. IEHOVA VEXILLVM MEVM.
Reimm. 4794. Madai 548. Ar. t.b.c.

709 **Johann George IV** 1693. Thaler carré en mémoire du tir à l'occasion de
son élection comme chevalier de l'ordre de la Jarretière. Reimm. n. 4802.
Madai 550. Ar. t.b.c.

710 **Friedrich August I** 1719. Thaler en mémoire du mariage du prince électeur de Saxe avec la princesse **Marie Joséphine d'Autriche.** Reimm. 4818.
Mad. 562. Ar. t.b.c.

711 — 1697. Thaler carré en mémoire du tir. Hercule sur des nuages VIR
TVTE PARATA. Tenzel pl. 74, IX. Ar. t.b.c.

712 — 1750. Demi Thaler. Ar. F.d.c.

713 **Friedrich August II.** 1741. Florin (Vicariats gulden). Madai 567. Ar. Beau.

714 **Friedrich Christian.** 1763. Thaler de convention de Leipzig. Reimm. 4825.
Ar. t.b.c.

715 **Friedrich August III.** 1765. Thaler de convention. Ar. b.c.

716 — 1708 ⅔ Thaler. Ar. t.b.c. 2 ps.

717 — 1772. ⅔ Thaler de convention. Ar. t.b.c.

718 — 1797. Demi thaler. Ar. t.b.c.

719 **Saxe** royaume. **Friedrich August I.** 1818. ⅓ Thaler. Ar. b.c.

720 — 1825. Thaler de convention. Buste en uniforme à dr. Reimm. 8292.
Sch. 1862 D. Ar. b.c. Rare.

721 **Anton.** 1828. Thaler de convention. Ar. t.b.c.

722 — 1830. Thaler de convention. Ar. t.b.c.

723 — 1836. Thaler de convention. Ar. t.b.c.

724 **Friedrich August II.** 1854. Thaler sur sa mort. Schwalb. 237. Ar. t.b.c.

725 — 1854. ¼ thaler sur sa mort. Schwalb. 438. Ar. t.b.c.

727 **Johann.** 1858. Double thaler. Schwalb. 249. Ar. t.b.c.

728 — 1871. Thaler sur la victoire. Schwalb 263. Ar. t.b.c.

729 · 1872. Double thaler en mémoire des noces d'or du roi et de la reine.
Schwalb. 264. Ar. t.b.c.

730 **Saxe-Weissenfels.** Johann Georg. 1701. Thaler carré. Tir du carnaval.
Deux écussons sous la couronne électorale. Rev. L'ordre de l'éléphant.
Dassd. 1701. Ar. Beau.

731 **Savoie** (Duché). **Charles II.** Cavalotto ✠ CAROLVS — D — VX . SABAVDIE . II . Armoiries surmontées d'un heaume. Rev. S . MAVRICIVS . T . — . Ł . B . Le saint à cheval à dr. Ar. t.b.c.

732 **Charles Emmanuel.** 1611. Teston. Ar. a.b.c.

733 **Schaffhouse** (Ville). 1621. Thaler. Ar. a.b.c.

734 **Schwarzenberg** (comté). **Joseph.** 1741. Thaler. Buste du comte à dr. JOSEPH . D . G . S . R . I . PRIN . IN . SCHWARZENBERG. Madai 4172. Ar. Beau.

735 **Spire** (Speyer) (Evêché.) **August** comte de **Limburg-Gehmen Styrum.** 1770. Conventionsgulden. Reimm 2787. Ar. b.c.

736 **Stavelot** (abbaie). **Christoph** comte de **Manderscheid.** 1570. Demi thaler au buste couronné de l'empereur Maximilien à dr. entre 15—70. + MAXIMILI . II . ROMA . IMP . SEM . AVGVST . Rev. Ecusson heaumé. CHRIS . CO . A . MAND . D . G . AB . STAB . ET . P. Fort rare. b.c.

737 — 1567. Thaler. CHRIS' * Co * A * MANDr * D' * G' * AB' * STAв * & * PR. Schulth 5216. Ar.

738 **Strassbourg** (ville). 1592. Thaler obsidional carré aux armoiries de Jean George de Brandebourg, du chapitre et de la ville. Mailliet pl. CII,1. Ar. t b c. Rare.

739 **Trèves** (Archevêché). **Carl Caspar von der Leyen.** 1659. Thaler. CAROL CASPAR . D . G . ARCHIEP . TRVIER . PRINC . ELECT . ADM . PRVM. Son buste en habit à dr. presque de face. Rev. CONSTANTER . ET . SINCERE . ANNO . 1659 . I . C . B . Ecusson écartelé. Compz. Schulth 3987. Ar. doré. Fort rare.

Voir la gravure.

740 **Transylvanie.** **Christoph Bathori.** 1580. Thaler obsidionale (Feldthaler). Armoiries de Christoph Bathori, avec 1 : 5 : 8 : 0, au-dessus C : B + D : S. Brause pl. 38,2 Mailliet pl. 113,1. Ar. t.b.c.

741 **Gabriel Bethlen.** 1623. Kipper 24er. Buste à dr. Rev. REG . HV . DN . SI . CO . AC . OP . RA . DVX 1623. Ar. t.b.c.

742 **Thorn** (abbaie) **Marguerite de Bréderode.** 1561. Sou. MARG * D * BRE—ABDIS —THORE Armoiries. Rev. FERDI * D * G * ROMNO * IMPERAT. Compz. v. d Chijs pl. XIX,31. Troué b.c. fort rare.

743 **Utrecht** (province). 1579. Ecu au lion. PHS . D : G . HISP . REX . DNS . TRAIEC . Armoiries couronnées Rev. CONCORDIA . RES . PARVÆ CRESCVNT 15—79. Var. de Verk. pl. 106,4. Ar. t.b.c. fort rare.

744 — 1772. Rijksdaelder fr. en piedfort. Verkade pl. 106,1. Ar. gr. 56. F.d.c.

745 — 1786. Pièce de 3 Florins fr. pour les Indes orientales Ar. t b.c.

746 — 1794. Florin fr. pour les Indes occidentales fr. en piedfort. Ar gr. 20.5 b.c. fort rare.

747 **Vénise. Francesco Loredane.** Osella 1563. Légende en 6 lignes. Ar. F.d.c.

748 — 1848. **5** Lire au lion de St. Marc tenant la constitution. Ar. Beau.

749 — Même pièce, au lion sur une base. Ar. Beau.

750 **Vianen** (Seigneurie). **Henri de Bréderode.** Daelder au buste cuirassé à g. NISI—DOMI—NVS : FR—VSTRA. La légende coupée par les écussons de Bréderode. Mark, Neuenar et de Schaumburg. Rev. MONE * NO * HE * D—D * BRE * LI * D * VY. Armoiries heaumées v. d Chijs pl. XLI, 14. Ar. t.b.c. Rare.

751 — Même pièce, variété avec des points entre les mots du revers et avec MONE . No . HE D- D—BRE . LI . Do . VY v. d. Chijs pl. XLI. 13. Ar. t.b.c.

752 — Même pièce variété avec MONE . NO . HE . D—D—BRE . LI. D . VY, v. d. Chijs pl. XLI, 18. Ar. Beau.

753 -- Daelder au buste du St. Henri à dr. SANCTVS . HENRICVS IMPERATOR. Rev. Lion tenant l'écusson de Brederode MONE . NO , HENRICI . DO . DE . BRE . LI . DO . VY. Compz. v. d. Chijs pl. XL. 9 et 10. Ar. t.b.c. Rare.

754 **Weert. Philippe de Montmorency** Lira MONE . NOVA . ARGENT . D . I . W . Lion tenant un fanon. Rev. S . PETRVS . APOS . PON . MAX Buste du pape à dr. (Imitation des Liras de Bologne. Ar. b.c. fort rare

755 **Westfrise** (province) 1592. Ecu heaumé. Verkade pl. 64,1. Ar.

756 1593. Même pièce. Ar.

757 1599. Demi écu heaumé. Compz pl. 63,4. Ar. b.c. Rare.

758 1666. Ducaton fr. en piedfort. Verkade pl. 61.1. Ar. gr. 65 t.b.c. Rare.

759 1673. Ducaton fr. à Enkhuyse avec inscription sur tranche GEEFT ONS VREEDE etc. Verkade pl. 62.3. Ar. t.b.c.

760 -- 1676. Rijksdaelder. Verkade pl 65, 3. Ar. t.b.c.

761 -- 1677. Rijksdaelder fr. en piedfort . MO . NO . ARG . PRO — CON FCE . BEL . WEST . F . Rev. ❀ CONCORDIA ❀ RES ❀ PARVÆ ❀ CRESCVNT ❀ 1677. Ar. gr. 56 t.b.c.

762 — Même pièce, poids ordinaire. Ar. t.b.c.

763 1728. Ducaton fr. pour les Indes orientales. Ar. F.d.c.

764 **Württemberg** (Duché) **Johann Friedrich** 1624. Thaler IOHANN : FRID : D : G : DVX : WIRTEMBERG : ET . TEC. Buste à dr. Rev. COM . MONT : DOM . IN . HEIDENH. 1624. Armoiries couronnées. Le centre de l'avers doré. Ar. b.c.

765 -- (royaume). **Wilhelm.** 1846. Double thaler sur le mariage du prince héréditaire avec la princesse **Olga** de Russie. Schwaib. 306. b.c.

766 -- 1849. 2 Florins. Schwalbach 307. Ar. Superbe.

767 **Carl.** 1871. Double Thaler. Réconstruction de la cathédrale à Ulm. Schwalb. 310. Ar. F.d.c.

768 **Zélande** (Province). 1583. Snaphaen. pl. 92,1. Ar. b.c.

769 — 1591. Ecu heaumé. Verkade pl. 83,3. Ar. t.b.c.

770 -- 1613. X Sous. Verkade pl. 91,4. Ar. Beau.

771 -- 1682. Daelder de 30 Sous. pl. 90 n. 2. Ar. t.b.c.

772 -- 1683. Même pièce fr. en piedfort. Ar. gr. 30. Beau.

773 — 1757. Rijksdaelder. Verkade pl. 86,4. Ar. F.d.c.

774 **Zürich** (ville). 1859. Thaler du tir. Ar. t.b.c.

775 Lot de monnaies. **Espagne.** Alfonse XII 1885. 5 Pesetas. **Grèce.** George. 1875. 5 Drachmes. **Sicile.** Ferdinand II. 1856. 120 Grani. **Japan.** One Yen. **Italie.** Napoléon. 1811. 5 Lire. **Congo.** Léopold II. 1894. 5 Francs, une pièce de 10 Escalins de la **Zélande.** une pièce de 2½ florins de 1840 de Guillaume Ier des **Pays Bas** et trois pièces d'un florin du même. Ar. gr. 237 11 pièces.

776 Lot de monnaies diverses. Ar. gr. 60. 22 pièces.

MONNAIES EN CUIVRE.

777 **Aix-la-Chapelle.** XII Heller de 1765, 67, 93, 94 et 97 IIII Heller de 1754 et 93.

778 **Amérique, Etats-Unis.** Nova Constellatio. Cent C². **Virginie.** 1773. Halfpeany au buste de George III C¹.

779 **Angleterre.** Lot de monnaies de Guillaume III, Charles II, George I et postérieures 25 pièces.

780 — Pennies et Halfpennies des particuliers (Tokens) du XVIIIme siècle. 18 pièces.

781 **Anhalt.** Denar. MON . PRINC . ANH . D . 1 & K. 3 Pf. de 1840 Bernburg 3 et 1 Pf. 1753, 1½ Pf. 1776.

782 **Anvers.** 1814. Obsidionales de 10 cent. 3 var. et trois méreaux du XVIme siècle.

783 **Anzin.** Monnaies des Mines. 2 var.

784 **Aquila.** Innocent VIII. 1485—86. Cavallo. LIBERTAS ou LIBERTVS AQVILANA.

785 **Aspremont-Lynden.** Ferdinand, comte de Reckheim. 1657. Double Liard. Buste cuirassé à dr. MONETA NOVA. COMITIS. AS. L. Rev. Ecusson couronné au lion issant. DEVS PROTECTOR . NO . 16—57. 5 pièces. (3 var.) Rare.

786 **Avignon.** Cardinal Barberini. Quattrino. Orange. Frédéric Henri. Double tournois 1641. (2 var.)

787 **Barbados.** Halfpenny de **Moses Tolanto.**

788 **Batenburg.** Due. BAT —ENBVR—GVM 5 var.

789 **Belgique.** 10 Centimes de 1852. 5 centimes de 1863. 34, 41, 42, 48, 49, 50, 51, 52, 58, 59. 2 centimes de 1834, 42, 44, 45, 46, 48, 53, 56, 58, 59, 64 et 70. F.d.c.

790 **Bocholt.** 10½ Heller 1762, 21 Heller 1680 et 1761. 3 ps.

791 **Bois-le-Duc.** Double Liard de 1681, Liard de 1615. Berg ('s Heerenberg). Denier de Guillaume (XVme siècle).

792 **Brabant.** Charles Quint. Pièce de Six Mites de 1544, 45, 46, 47, 49, 53, et 54. fr. à Anvers. Florin d'or fr. en cuivre, rare. 11 ps.

793 — Marie Thérèse. Liard de 1749, 50 (Anvers). Liard et double Liard de 1777 et 78 (Bruxelles). Joseph II. Double Liard de 1789. (Bruxelles).

794 **Brésil** 10 Reis 1822 et 24 (Rio) 20 Reis 1825 poinçonné de 10 (Rio).

795 **Brunswick.** Carl. Wilhelm Ferdinand, Pfennig de 1783. Carl. 1 Pfennig de 1757 51. 2 et 1 Pf. 1860 **Bade** ½ Kreuzer 1805. 1 Kreuzer 1845, 46, 59, 61 64, 71. **Nassau** 1 Kreuzer 1859.

796 **Brunswick-Lünebourg.** Georg Wilhelm 1 Pfennig de 1691 et 97. George II et George III 1 Pfennig de 1760, 74 81 au Sauvage.

797 **Chateau Renaud.** François de Bourbon. Double Liard de 1614. **Montbéliard,** liard de 1710. Nevers et Rethel. Double Liards de 1608 et 9.

798 **Coesveldt.** VIII pfennige de 1691, 1713 IIII pf. de 1763.

799 **Conti.** F. de Bourbon, double tournois. Cambrai; Louis de Berlaimont II. Deniers.

800 **Corse** 4 Soldi de 1758.

801 **Corvey.** 4 pfen. 1787. Coburger Heller de 1691.

802 **Coventry.** Halfpenny de 1792 à l'éléphant. F. d. c. **Brunswick,** Halfpenny 1795.

803 **Einbeck** 1. Statpen. Rare, 1 Pfen de Marsperg 1638 Rare.

804 **France** Lot intéressant de Deniers et doubles tournois. Liards et Sols de Henri IV. Louis XIII. XIV. y joint un piedfort de 1631, 40 ps.

805 — **Louis XVI** 1791. Double Sol fr. à Paris.

806 — 1792. Double Sol fr. à Metz. Paris, Perpignan et Lille, 1793 Double Sol fr. à Rouen et Paris. 9 ps.

807 — 12 Deniers 1791, 92 et 93 fr. à Paris.

808 — République 1793. Double Sol aux balances fr. à Metz. Rouen. Pau.
Sol fr. à Metz, Lyon et Lille.

809 **Lavoisier.** Essai monétaire Ant. Laur. Lavoisier sa tête à dr. Rev. *L'an
9. Ph. Gengembre essayait etc.*

810 **Franckfort** Lot de Heller et Pfennige. plusieurs Judenpfennige, quelques
raretés, 21 pièces.

811 **La Frise.** Oort de 1608. date s.d. Gand 1582, XII mites. Artois 1586. Double
Liard. Leyde 1573. monnaie de l'hospice st. Catherine.

812 **Gronsfeld.** Joes de Bronckhorst. Double Liard, 5 pièces variées.

813 **Gubbio.** Baiocco de 1782, Civita Vecchia. obsidionale de 1797 de 2 Baiocchi
et de Terni de 8 Baiocchi, 3 ps.

814 **Harbour Grace.** Newfoundland. Halfpenny de Rutterford Bros, St. John,
Halfp. de R et J. S. Rutherford.

815 **Hesse Darmstadt** VI pf 1753. 1 Kreuzer 1828

816 **Irlande.** Monnaies de nécessité de James II 1689—1690 Crown de 1690,
le roi à cheval 2 var, 30 pence au buste 3 var. 12 pence 2 var.

817 **Italie.** Napoléon 1812. Soldo fr. à Milan.

818 **Liége.** Monnaies des évêques et des églises 8 ps.

819 **Maestricht.** Liard au buste de Philippe II, S.d. et de 1586. Double Liard
de 1590, 91, 1614.

820 **Man (Isle of)** Penny et Halfpenny de 1758, Jersey 1841. 1/13 Shilling.
South Wales, farthing 1793.

821 **Munster,** ville VI pfennig 1560, 2 var dont une trouée 1602, contremar-
qué, 1660 III pf. 1560. 1302, 1½ pf 1758, 1 pf 1740 cathédrale IIII pf 1739,
54, VI pf 1762. III pf 1608, 1743 et 1753.

822 **Naples.** Philippe II, Cinquina de 1573, 91 (2 var) Charles II, Charles VI.
Ferdinand III et IV, 13 ps. République 1799, 8 et 4 Tornesi. **Vénise** Lot
intéressant de 7 pièces, ensemble 22 ps.

823 **Nyköping,** ör de Gustaphe Adolph de 1626 et Fyrk de 1629, 2 ps. usées.

824 **Osnabrück.** Lot de monnaies de 1597. 1623. 25. 76, 1726, 52, 59. 91. 95 et
1805, 25 ps. Oldenbourg et Ostfrise 18 ps. ensemble 43 ps.

825 **Papes.** Lot de monnaies fr. à Rome ou à Bologne. 22 ps.

826 **Parme.** Sesino de Raünce. 5 cents de Marie Louise et autres. 5 ps.

827 **Pays-Bas.** Guillaume I. Cent de 1823, 25, 27 et 28 fr. à Bruxelles 1822.
27. 28, 30, 31, et 37 fr. à Utrecht, la plupart. F.d.c.

828 ½ cent de 1821 et 23 (Bruxelles) 1821, 22. 23, 24, 27, 29, et 37 (Utrecht)
plusieurs F.d.c.

829 Guillaume II. ½ cent de 1841, 43, 46 et 47. F.d.c.

830 Guillaume III. Cent de 1857, 60. 61, 62, 63, 64, 75 et 77. ½ cent de
1854, 55, 57, 59, 63. 64, 65, 70 et 75. La plupart F.d.c.

831 1849. Epreuve d'un ducat. F.d.c.

832 **Pologne.** Lot fort intéressant de monnaies de Sigismond, Jean Casimir
et ses successeurs. 1659 à 1831. 35 pièces plusieurs, belles et rares.

833 **Portugal.** Alphonse V. Real. Pedro II 1½ Reis de 1699 et 1703, 3 reis
date effacée et 3 reis de 1699

834 Marie II. 40 reis de 1833 et de 1847 avec G. C. P., X et V reis de 1850,
V et II reis de 1853. Louis I. XX reis de 1867 et 75, X reis 1882.

835 **Prusse.** Lot de monnaies de 1763 à 1873, ateliers divers. 74 pièces. Lot
intéressant.

836 - - Elisabeth. Solidus. 1750

837 **Raucourt.** Liard de Henri de la Tour, duc de Bouillon.

838 **Rockheim.** Série de dutes, plusieurs avec dates, quelques raretés, 29 pièces, lot fort intéressant.

839 Lot de 6 double Liard, avec et sans buste.

840 **Reuss.** Branches diverses. 16 pièces depuis 1760.

841 **Rostock.** 6 pf. de 1761. 3 pf. de 1741, 50 et 61, 1 pf. de 1797 et 1824. 5 ps. **Wismar** 3 pf. de 1761, 1830 et 1835.

842 **Ruremonde.** Liard aux armoiries de la ville RVRM., double liard au titre d'Albert et d'Isabelle et liard de Charles II. 3 ps.

843 **Russie.** Lot de monnaies fr. à St. Pétersbourg ou à Ekaterinenbourg de 1785 et postérieures. 18 ps.

844 **Saint-Omer.** Monnaies de l'église de 1520. 4 var.

845 **Saxe-Cobourg.** Meiningen, Weimar, Hildburghausen, Saalfeld, Eisenach, Altenbourg etc. Lot intéressant de 40 ps. Saxe royaume 10 ps.

846 **Schleswig Holstein.** Sechsling de 1687 et 1850.

847 **Schwarzbourg Rudolstadt.** 2 pf. de 1761 (2 var.) 1 pf. 1751, 52, 61, 92 et 1801 ½ pf. de 1792. **Schwarzb.-Sondershausen.** 3 pf. de 1846 et 58, ¼ Kreuzer de 1840, 52 et 56.

848 **Sicile.** Charles II et VI. Ferdinand III et IV et Joachim **Murat.** Monnaies diverses 10 ps. Sardaigne 8 ps. San Marino 5 cents. 1864.

849 **Soest** (Westphalie). 17 monnaies du XVIIIme siècle.

850 **Stevensweerd.** Dute, 6 ps. variées. Schonau 1755. IIII pfennig.

851 **Stockholm.** Marques variées. 12 pièces.

852 **Suède.** Jean. Obsidionale carrée de 8 ör de 1591. Rare.

853 **Gustaphe Adolph,** ör de Dalarne de 1627 et 29. **Christine** ¼ ör de 1644. **Charles Gustave** ¼ Or 1656. **Charles IX** ör de 1673 et 77 ⅙ ör 1673, **Charles XII** ½ ör 1707, 1715, 16 et 18 Ulrica Eléonore. 1 ör 1719.

854 Série de dix dalers de nécessité émis par le baron de Görtz, la plupart. F. d. c.

855 -- Frédéric I. Plötar d'un Daler de 1721, 4 poinçons avec FRS 1724 sous une couronne et au centre 1 DALER . SILVR : MYNT.

856 - 2 Or de 1746 47 et 48. 1 ör S. M. 1749, 1 ör K. M. 1720, 21, 24, 25 et 49. Adolph Frédéric 2 ör de 1761 et 66, 1 ör de 1758 et 13 monnaies postérieures, ensemble. 25 ps.

857 Monnaies des mines et autres en cuivre, 12 pièces variées.

858 **Thorn.** Solidus de 1761.

859 **Tournai.** 1709. Obsidionale de Sols 2 var. Jeton des Prévôts de 1665 Pièce de six mites de Philippe II.

860 **Utrecht** Ville. Monnaies de 1509, 20, 23 et 79. 8 ps. variées et 2 ps. de l'évêque Henri de Bavière.

861 — Dutes de 1619, 25, 34, 37, 57, 66, 67. 70, 1710, 11, 22, 23, 40, 42, 56, 62, 66, 80, 83, 85, 87, 88, 91. 23 pièces.

862 **Waldeck.** IIII pfen. 1730. 1 pfen. 1796 et 1867, Wied ¼ Stüber 1752, Westphalen, Zwölfer 2 var., Jérôme Napoléon 5 ps., Wurtemberg 4 ps., Wiedenbrück 1 pf. 1650, III pf. 1692.

863 **Zélande.** Liard s. d. au titre de Philippe II. Double liard de 1663, Dutes de 1714, 40, 47, 54 avec EMENTOR. 60 68, 76 (2 var.), 79, 80, 87, 88, 91, 93, 94, 97. Demies dutes de 1680, 81, 85 et 89.

864 **Zierikzee.** 1585. Monnaie des pauvres de 3 Sous. **Zutphen.** Dute 3 var. Zwolle dute de 1598 et de 1618.

MÉDAILLES ARTISTIQUES ET HISTORIQUES.

865 1509. Médaille (Breite Doppelthaler) de l'empereur **Maximilien**. L'empereur
à cheval à dr. dessous 1509 ✸ MAXIMILIANVS . DEI GRA . ROM .
IMP . SEMP . AVG . ARCHIDVX . AVSTRIE. Rev. Ses armoiries entourées des armoiries de ses pays ✸ PLVRIVMQ o EVROPE o PROVIN-
CIAR' o REX . ET . PRINCEPS o POTENTISIM. Madai 2386. Schulth.
27, v. Mieres I 413. Ar. gr. 60 Rare.

866 1530. **Charles V.** Buste cuirassé à dr. avec chapeau et orné de la toison
d'or IMP CAES . CAROLVS . V . P . F . AVGVST . AN . ÆT . XXX.
Rev. Dans une couronne FVNDATORI . QVIETIS . M . D . XXX.
v. Mieris II p. 330 n. 1. Mm. 38. Médaille authentique en acier, de la
plus haute rareté.

867 S.d. Médaillon en fer uniface au buste à dr. de l'empereur **Charles V.**
CAROLVS . CÆSSAR o DEI . GRACIA . Mm. 48. Beau. Rare.

868 1533. Médaille en plomb au buste à g. de CHATER . D . SCHEWALIN .
XXXII . IAR . ALT . M . D . XXXIII. Mm. 40 t.b c. Uniface.

869 1535. **Johann Friedrich de Saxe** fait renouveller la Ligue de **Smalkalde**. Son
buste de face IOANNS . FRIDERICVS . ELECTOR DVX . SAXONIE .
FIERI . FECIT . ETATIS--SVÆ 32. Rev. Grand écusson aux trois
heaumes. SPES . MEA . IN . DEO . EST . ANNO . NOSTRI . SAL-
VATORIS--M . D . X . X . X . V. v. Mieris II p. 429,1. Mm. 65. Ar.
Gr. 52 Belle et rare.

870 (1549) Importance de **Nimègue** la plus ancienne ville des **Pays-Bas** NOVI-
MAG . BATAVOR . CAPVT . SEDESQ . REGIA . ET . POSTEA .
FRANC . REG. Les armoiries heaumées et couronnées. Rev. NEC . NON .
REGALIS . IMPERI . SEDES . A . CAROLO . MAG . CONSTITVTA.
Charlemagne assis sur son trône v. Mieris III p. 219. Mm. 49. Ar. gr.
54. Superbe, fort rare.

871 s.d. **Juliers.** Médaillon oval au buste de **Johann Wilhelm** à dr. IOANES .
WILHEL . D . G . D . IVL . CLIVI . ET . MON. Rev. Buste de **Guillaume V** à dr. GVILHELMVS DVX IVLIÆ . CLIVIÆ . MONTIM dessous ÆTAT . 72. Mm. 70/48. Ar. gr. 46,5. Belle. Coulée.

872 1616. Médaillon octogone au buste de face de **Guillaume**, Landgrave de
Leuchtenberg. GVILHELMVS D . G . LANDGR . IN LEICHTENB . G .
I . HASS . ET . RVSSI . Rev. Ecusson dans un cartouche richement
orné CVI — VIDE — FIDAS — 16—16. Cat. Schulth 4069. Mm. 35/45.
Ar. gr. 27. Belle. Avec des traces d'ancienne dorure.

873 — 1617 Jubilé séculaire de la réformation. Médaille carrée. Mm. 34.
Ar. gr. 12. t.b.c.

874 Vers 1620. Médaillon en pierre au buste à g. de **Rudolphe Buchner** sécré-
taire de de l'empereur **Mathias d'Autriche** + RVDOLPHVS BVCHNER .
SECRETARIVS. Mm. 52. Beau. Fort rare.

875 1623. Médaille au buste de **Louis XIII** roi de **France** à dr. LVDOVIC .
XIII . D . C . FRANCOR . ET NAVARÆ REX . Rev. La Justice assise
à dr. dessous 1623. VT·GENTES TOLLAT . QVE . PREMAT . QVE.
Mm. 61. Br. t.b.c.

876 S. d. Médaillon oval en palissandre, au buste à mi-corps fort en relief
de **Christian** duc de **Brunswick** (1611—1633) portant chapeau à plumes,
manteau et bâton de commandant. Superbe médaillon, monture en cuivre
doré. Mm. 54/85. Authentique.

Voir la gravure.

877 **s.d. Suède.** Médaille uniface en plomb au roi **Gustave Adolphe** à cheval à
dr. au-dessus . G . A . — . R . S., au-dessous les armoiries de la ville
de **Nurnberg**, dans le lointain, Vue de la ville. Mm. 82. t.b.c.

878 (1632) Mort de **Gustave Adolphe** roi de **Suède.** Son buste de face dans un
cartouche richement orné. Rev. Epée couronnée, branche de laurier et
palme & STANS . ACIE . PVGNANS . VINCENS . MORIENSQVE .
TRIVMPHAT. Mm. 41. Ar. gr. 21,5. Belle.

879 1638. Prise de la ville de **Brisach** par le duc **Bernhard de Saxe Weimar.**
HEROIS HUIUS NOMINA IN CUNCTA CLARENT SECULA. Son buste
à face dans un entourage richement orné, entouré de *Magni Ducis
Bernhardi Saxon Weim. Effigies.* Rev. Vue de la ville de **Brisach.** BRI-
SACH | FORTIS . SED FORTI ' OR DEUS FVIT ET WEI | MARIUS
1638. Médaille par Blum. Mm. 53 Ar. gr. 51. a.b.c. Rare.

880 Superbe médaille gravée de la première moitié du XVII siècle. Mariage
d'Arent Meyndertsz et **d'Aeghje Claes.** Les deux fiancés debout se donnant
la main sur lesquelles deux coeurs enflammés, dessous dans un encadrement *Arent Meyndertsz — Aeghje Claes.* Rev. Les noces de Canäa.
Médaille dans un bel encadrement. Mm. 97. Ar. gr 130, fort rare.

881 (1645) **Dirk Graswinckel Jansz.** avocat fiscal de la **Hollande.** Son buste à dr.
THEOD . I . F GRASWINCKEL EQ . AURATUS EQ . DIVI . MAR-
CI . DOM . HOLIACI . FISCI . HOLLAND . ADUOC. Rev. Ses armoiries NEMO IGNAVIA FA – C—TUS IMMORTALIS. Deux plaquettes en
étain, v. Loon II éd. fr. 229 éd. holl. 234. Mm. 57,71 t.b.c.

882 1646. Mariage de **Friedrich Wilhelm** électeur de **Brandebourg** avec **Louise
Henriette** princesse **d'Orange.** Bustes à trois quarts des fiancés se donnant
la main *Frid. Wilh, und Lovysa v. Gottes gnaden. Churf. und Churfurstin
zu Brandenb.* Rev. Arbre arrosé par une main céleste, sous l'arbre
Marchia, au fond une ville. & *Gott erhalte Baum und Landt, und verbesser
ieden Standt* ʒ Médaille fort rare. Le droit doré. Mm. 59. Ar. gr. 56.

883 1647. Superbe médaille repoussée par van Abeele en mémoire des victoires remportées par **Frédéric Henri** prince de **Nassau-Orange** et des négociations de paix à **Münster.** Buste du prince de face tourné à dr. v. Loon
288 –298. Mm. 68. Ar. gr. 59. Rare.

884 1648. Paix de **Munster** et fondation de l'Académie de **Harderwijk.** Médaille
en or. Les armoiries couronnées de la **Gueldre** dans un cartouche orné
Victoriae...praemium ... Libertas. Rev. Dans un cartouche orné légende en
10 lignes PACE—DOMI FORISQUE—SANCITA : ACADE-MIA HARDER-
VICI FUNDATA : ILL : OR—DINES DUC—GEL . COM . ZUT . IN . REI-
MEMORIAM HUNC—NUMMUM CUDI ·-FECERUNT—1648. Mm. 60. **Or.**
Gr. 77,5. Superbe. Extrêmement rare.

885 S.d. (1653) Superbe médaille repoussée, chef d'oeuvre de P. van Abeele,
au buste cuirassé de face de **Guillaume le Taciturne** ✠ DEN OVDEN
WILLEM . VORST VAN NASSAV EN ORANIEN . DIE WAS DER
STAATEN ARM EN GEESSELROE VAN SPANIEN. Rev Les quatre
bourgmestres d'Amsterdam. DIT ZYN DE VADEREN EN BVRGE
MEESTERS. DAAR DIT VRYE VOLK OP RVST IN VREE EN KRYGHS-
GEVAAR. Mm. 82. Ar. gr. 98,5. Extrêmement rare. Dans sa boîte originale.
Voir la gravure.

886 1654. Paix de **Westminster**, fin de la première guerre navale entre l'Angle-
terre et la Hollande. Belle médaille repoussée. La paix debout entre la
Hollande et la Grande Bretagne personifiées. HIER BINT DE HEILGE
VREE DEN BRIT, EN BATAVIER. Rev Navire en toute voile, dessous
Ao 1654. WAAROM . ZEILT . T VREDESCHIP etc. Franks I p. 413
n. 50. v. Loon II éd. fr. 371, éd. holl. 383 n. 1. Mm. 80. Ar. gr. 77.
Petit trou. Rare.

887 — Superbe médaille repoussée par van Abeele, au buste à g. de **Marie
d'Angleterre** princesse **d'Orange** et au revers, buste enfantin au bonnet de
face de **Guillaume** III prince de **Nassau Orange**. v. Loon II 375– 387. Franks
p. 417 n. 56. Mm. 65. Ar. gr. 49,5. Superbe et fort rare.

888 1655 Inauguration de l'Hôtel de ville à **Amsterdam**. Superbe médaille de
G. Pool, aux armoiries des *Backer, de Graaff, Huydecoper, Spiegel, van
Hoorn, Witsen, Tulp, Schaep, Pater, van der Poll, Schellinger, Cloeck, van
Dronkelaar, Reynst, Bura, Rendorp, Pancras, Bleau, van Neck, Geelvinck,
Valckenier, van Vlooswyck, van Loon, Bontemantel, Ernst, Hasselaar, van
Straalen, Hooft, Schrijver, Alewijn, de Vlaming van Oudshoorn, Hinlopen,
van Waveren, van Hellemont et des Renel.* van Loon éd. holl. 349, éd. fr.
387,1. Mm. 70. Ar. gr. 92. Superbe. Rare.

889 1655. Inauguration de l'Hôtel de ville à **Amsterdam**. Vue de l'édifice.
Rev. Navire v. Loon II éd. fr. 387. éd-holl. 399,2. Mm. 69. Ar. gr. 87.
Belle. Rare.

890 1655. Mort du comte **Jean Wolfert de Brederode**. Son buste cuirassé à dr.
presque de face, avec l'ordre de l'éléphant IOH . WOLFERDVS . D . D .
BRED . COM . NAT . EX . COM . HOLL . DOM . S . D . V . lég.
int A . VICE . C . H . T . CONF . BEL . IN . C . MARSCH . G ., signé
PVA . F. Rev. Tête de sanglier ETSI   MORTVVS . VRIT . CIↃCICLV.
Médaille repoussée par van Abeele van Loon II éd. fr. 389 éd. holl. 402.
Mm. 68. Arg. Belle.

891 1657. **Guillaume** III prince de **Nassau-Orange** nommé Stadhouder d'**Overijssel**
Son buste juvénile à dr. WILHELMVS . III . – D . G . PRINC .
AVRAI . signé P . V . A . pro . Rev. Phénix tourné à dr. dans un
entourage de fleurs et de feuilles + **Emoritur et Requiefcit**. dessous C.
Adolphi scu't. Variété inédite de van Loon II éd. holl. 423 éd. fr. 409 3.
Mm. 55. Ar. Gr. 55. Superbe. Fort rare.

892 1558 (il faut lire 1658). Couronnement de **Leopold** I. Double aigle cou-
ronnée ayant en coeur les armoiries d'**Autriche**, à l'entour, une double
légende ; lég. ext. LEOPOLDUS . HUNGARIÆ . ET . BOHEMIÆ .
REX . CORONTATUS, lég. int. IN . REGEM . ROMANORVM . I .
AUGUSTI . CIↃIↃLVIII (au lieu de CIↃCICLVIII). Rev. Globe sous une
couronné, des deux côtés une main venant des nuages, dont la dextre
tient une épée, l'autre un sceptre, au-dessus un soleil. CONSILIO ET
INDUSTRIA. Superbe médaille en **or**, gr. 17,5 (5 Ducats). Mm. 37. Inédite.
De la plus haute rareté.
Voir la gravure.

893 1659. **Danzig.** Prise de **Haupt** occupée par les Suédois, par **Lubomirski.**
Superbe médaille par Höhn. Plan de la forteresse. Rev. Légende en
16 lignes DEO—OPT . MAX . AUSPICE . — REGE . — CONATIBUS .
FIDELIUM . CIVIUM. etc. dessous, les armoiries de **Dantzig** soutenues
par deux lions. Raczinsky n. 143. Mm. 72. Ar. Gr. 79,5. Trouée. t.b.c. Rare.

894 1660. Mort de **Charles X Gustave** roi de Suède INDOMITUS . PR . PACE
. QVIEVI. Mm. 46. Ar. Gr. 28. F.d.c.

895 1667. Paix de **Bréda.** Superbe médaille repoussée par Müller. * HET OUD
BREDAAS KASTEEL . DOOR . MULLERS VOND EN WERK, VER-
TOONT VAN BINNEN EEN GEWENSTE VREEDE KERK. Vue de
Bréda, dessus la Renommée tenant un ruban avec SOLI DEO GLORIA
Rev. * HIER ZEILT HET VREDE SCHIP, OP 'T ZILUER IN DE ZEE,
MET BLIJDE WIMPELS . VAN EEN VIER GEKNOOPTE VREE. Le
vaisseau pacifique. v. Loon II éd. fr. 538 éd. holl. 539 n. 1. Franks p.
231 n. 180. Mm. 81 Ar. Gr. 75. Fort rare, dans son écrin originale.

896 1667. Paix de **Bréda** LEO BATAVUS. Franks 177, v. Loon II éd. fr. 534.
éd. holl. 555 n. 2. Mm. 71 Etain. t.b.c. Originale.

897 1667. Paix de **Bréda.** La Paix accompagnée de Cupidon tenant une bran-
che de laurier et une corne d'abondance assise sur des nuages BELLO
AB ANGLIS ILLATO A BELGIS FORTITER GESTO VINDICATA
MARIUM LIBERTATE ET QUÆSITA ARMIS PACE XXXI IULII
CICDCLXVII. Rev. Vue de la ville de Bréda, dessous XXXI IULII
CIɔIɔLXVII (sic) ⊛ BREDA BELLONÆ SEDES CLANDESTINO ET
APERTO MARTE CELEBERRIMA CONCILIANTIBUS SUECIS . DAT
PACEM GALLIS . ANGLIS . DANIS . BELGIS ET ORBI QUIETEM.
Superbe pièce de beau style. Franks I p. 530 n. 178, v. Loon II éd. fr.
534 éd. holl. 555 n. 4. Mm. 88. Ar. Gr. 174. Rarissime.

898 (1668) Médaillon sans date en étain, mariage de **Friedrich Wilhelm** électeur
de **Brandebourg** avec **Dorothea** princesse de **Holstein.** Buste de l'électeur à
dr. FRID . WILH . D . G . M . & ELECT . BRAND . SUP . DOM .
DUX . PRUSS . & c & c & c. Rev. Buste de Dorothea à g. DOROTHEA
D . G . MARCH . & ELECT . BRAND . NATA . PRINC . SLES . &
HOLS . & c. Pniower 24. Etain Mm. 88 t.b.c.

899 1669. **Charles IX**, roi de **Suède** chevalier de l'ordre de la Jarretière. St.
George et le dragon SALVS POPVLORVM. Franks I p. 544 n. 199.
Mm. 44. Ar. gr. 24.5 b.c.

900 s.d. **Charles II** roi d'**Angleterre** et le prince **Guillaume III** de **Nassau-Orange.**
Superbe médaille repoussée par van Abeele au buste presque de face
de **Charles II.** CAROLUS . II . D : G . MAGNÆ . BRIT . FRA . ET .
HIB . REX Rev. Le prince **Guillaume III** à cheval à dr. portant bâton.
WILHELMVS . III . D . G . PRINC . AVRAICÆ . COM . NASS. EC.
Comparez v. Loon III éd. fr. 47. éd. holl. 51 n. 2 et II éd. fr. 462, éd.
holl. 415 n. 2. Franks I p. 472 n. 75. Mm. 69. Ar. Superbe. Fort rare.

901 1672 Médaille au buste à dr. du médecin **Nicolas Tulp,** bourgmestre
d'**Amsterdam.** v. Loon III éd. fr. 64, éd. holl. 69. Mm. 48. Ar. gr. 46.
Belle.

902 — Levée du siége de **Groningue.** Vue de la ville assiégée. Rev. Légende
en 9 lignes. v. Loon III éd. fr. 92, éd. holl. 98 n. 1. Mm. 43. Ar. Belle.
Rare.

903 1674. Victoire des Français sur l'amiral **de Ruyter à Martinique.** BATAVIS
AD MARTINICAM CAESIS AC FUGATIS MDCLXXIIII. et COLONIA
FRANCORUM AMERICANA VICTRIX. Belle médaille au buste de
Louis XIV par Mauger. v. Loon III éd. fr. 148, éd. holl. 155. Mm. 40. Br.

904 1674. Mort d'**Agnes Adelheyt** *freule van* **Boetzelaer**, demoiselle à **Leeuwen**. Superbe médaille repoussée aux armoiries juxtaposées suspendues à un ruban tenu par une main céleste, au-dessous sur un bouclier en 6 lignes. *Angenes adelheyt freule — van boetzelaer doghter — tot leuwen gestorven — te dordreght den — 5 feberu — 1674.* Les armoiries et la légende gravées. Rev. Un arbre fleurissant et un arbre sec tenu par la mort, au-dessous sur un bouclier. *Psalm 90 des morgens — Bloeyt het des avonts — wort het af — gesneden.* Mm. 69. Ar. gr. 62.5. Superbe pièce.

Voir la gravure.

905 1676. Reprise de **Cayenne** par les Français sur les Hollandais BATAVIS CAESIS | CAYANA RECVPERATA M . DC . LXXVI. Médaille au buste de Louis XIV, v. Loon III éd. fr. 188, éd. holl. 199. Mm. 40 Br. t.b.c.

906 1677. Prise de **Tobago** sur les **Hollandais**. Médaille au buste de **Louis XIV** à dr. Rev. TABAGVM EXPUGNATVM, à l'ex. M . DC . LXXVII, v. Loon III éd. fr. 210 éd. holl. 223 n. 1. Mm. 40 Br. Belle.

907 1678. Prix d'école de la ville de **Breslau**. Reimm. 6404. Mm. 41 Ar. Gr. 21.

908 (1683) Election de **François Louis** comte du **Palatinat Neubourg** évêque de **Breslau**. Buste à dr. FRANCISCVS . LVDOVICVS . D . G . EPISCO . VRATISLA . COM PALAT . RHENI . B . I . C . M . DVX. Rev Epée et crosse en sautoir, dessus aigle, dessous un lion SIC . BENE CONVE-NIUNT et dans le champ ET—PROFIDE—CAESARE. v. Saurma 191. Mm. 41 Ar. gr. 20 a.b.c.

909 1683. **Vienne** délivrée des Turcs. Tête de Mars à dr. MARS SAXONICVS. Mm. 19. Ar. t.b.c.

910 1687. Mort de l'astronome célèbre **J Hevelius à Dantzick**. Buste de face. Rev. Légende en 16 lignes. Belle médaille par Hohn. Rudolphi 304,2. Mm. 53. Ar. gr. 55 Rare.

911 1688. Débarquement de **Guillaume III** à **Torbay**. Guillaume donnant la main à la Britannia. Dans le lointain, fuite de James et du père Peter. var. de van Loon III 355–380 n. 1. Franks p. 640 n. 66 Mm. 49. Ar. gr. 46. Belle.

912 — Débarquement de **Guillaume III** à **Torbay**. BRITAN ONTROERT, v. Loon II 355—380 n. 2. Franks p. 641 n. 67. Ar. gr. 23,5. t.b.c.

913 — L'église et les sept évêques. Un hibou portant des lunettes, devant lui une bougie entourée de sept étoiles NOG EVEN BLIND. Rev. Une balance TEKEL De Vries en de Jong pl VI,1. Franks p. 634 no. 57. Mm. 49 Ar. gr. 48. Rare Belle.

914 1689. Réception de **James II** roi **d'Angleterre** par **Louis XIV** roi de **France**. Son buste à dr. à longue chevelure IACOBUS II . D . G . BRITAN-NIARUM IMPERATOR. Rev. Le soleil obscurci de la lune. Superbe médaille de Smeltzing. v. Loon III 372—399 n. 3. Franks p 654 n. 13. Mm. 60. Ar. gr. 75,5. Superbe. Fort rare.

915 1690. Inauguration à **Königsberg** de **Friedrich** électeur de **Brandebourg**. SUPREMO BORUSSIAE DUCI FRIDERICO III etc. Pniower 94. Mm. 32. Ar. gr. 18 b.c. Rare.

916 1690 **Québec** en **Canada** délivrée. Méd. au buste de **Louis XIV** à dr. par Mauger. Rev. FRANCIA IN NOVO ORBE VICTRIX et à l'ex. KEBECA LIBERATA M . DC . XC. Mm. 40. Br. Belle.

917 1691 Prise de **Nice** et de **Mons** en Hainaut. AB . AVSTRO . ET . AB . AQVILONE, au buste de Louis XIV à dr. Mm. 41. Br. t.b.c.

918 1692. Combat naval de Cap **La Hogue**. Buste de **Guillaume III** à dr. dessous I . BOSKAM. Rev. Scène du combat, sur l'avant-scène le coq gaulois

poursuivi du lion hollandais et de l'unicorne anglais. Franks p. 54 n.
349 Compz. v. Loon IV éd. holl. 34. éd. fr. 95 n. 2. Mm. 55. Ar. gr. 68.
Superbe.

919 1696. Troubles à Amsterdam à l'occasion d'un nouveau règlement sur
les funérailles. Scène sur le Dam. Rev. Distribution des médailles commémoratives. v. Loon IV. éd. fr. 222. éd. holl. 162. Mm. 66. Ar. gr. 77.
Belle.

920 1697. Paix de **Rijswick**. La Renommée au-dessus du palais, à l'ex. PAX .
RYSVICCEN — SIS. Rev. La Paix debout portant les armoiries des
états pactants CONCORDI PACE LIGABO 16—97 avec inscription sur
tranche par Hautsch v. Loon IV. éd. fr. 266 éd. holl. 208 n. 5. Franks
p. 451 n. 168. Mm. 36. Ar. Gr. 49. Rare.

921 1697. Paix de **Rijswick**. Le temple de Janus fermé CAESA FIRMABANT
FOEDERA PORCA Rev. Les armoiries de tous les états pactants. Franks
p. 169 n. 453. v. Loon IV. éd. fr. 273. éd. holl. 215. n. 2. Mm. 49. Ar.
Belle.

922 1704. Victoire de **Hochstädt**. Buste du duc de **Marlborough** à dr. par Hautsch.
Belle médaille avec inscription sur tranche. v. Loon IV. éd. holl. 376.
éd. fr. 427 n. 4. Franks p. 256 n. 50. Mm. 37. Ar. gr. 49. Rare.

923 — Victoire de **Hochstädt**. Médaille au buste du prince **Eugène de Savoie**
à dr. et avec inscription sur tranche. Franks p. 258 n. 53. v. Loon IV
376 - 427 n. 3. Mm. 37. Ar. gr. 20,5. Belle.

924 1706. Victoires des alliés sur les Français. LVDOVICVS MAGNVS ANNA
MAIOR. Rev. XII . VRBES CVM PRO — VINCIIS INTRA XV D .
RECEPTAE 1706 Franks p. 288 n. 97. v. Loon V 39, IV 460 n. 2. Mm.
43. Ar. gr. 30 F.d.c.

925 1710. La ville de **Douay** prise. Belle médaille par Croker au buste de
la reine **Anne** à g. ANNA AVGVSTA. Rev. La victoire au milieu d'armes et d'étendards. ET . DVACO . CAPTO . MDCCX. v. Loon V 165,
IV 591 n. 1, Franks p. 369 n. 213. Mm. 48. Ar gr. 41. Belle. Extrêmement rare.

926 (1711.) **Marie Louise** de **Hesse-Cassel** tutrice de son fils Guillaume (IV) de
Nassau Orange. Buste de la princesse à dr. MARIA . LVD . D . G . PR.
AVR . — NASS . NAT . PR . HASS . CASS . sous le buste G. W. V.
(*Vestner*). Rev. Les armoiries de **Hesse-Cassel** et de **Nassau-Orange** juxtaposées sous une couronne INS . PR . AVR . NAS . CAS . ET . VRB.
FRIS . entourées des armoiries des villes de la Frise. Dirks Rep. 295,
Mm. 36. **Or.** Gr. 25. Superbe. De la plus haute rareté si non unique
dans ce metal.

Voir la gravure.

927 1714. Paix de **Rastadt**. Buste de l'empereur **Charles** VI à dr. CAROLVS .
VI . D . G . ROM . IMP . SEMP . AVG . par Vestner. Rev. La paix
debout PACI GERMANIAE et à l'exergue RESTITVTAE MDCCXIV par
P. H. Müller. v. Loon V 244. IV 675 n. 1. Mm. 44. Ar. gr. 29,5. Belle.

928 1718. Médaille satirique sur la paix de **Passarowitz**. Une ruche mise en feu
entourée d'abeilles. FATIS CEDENTES MIGRATE COLONI . EZECH .
46 . v . 18 à l'exergue. DOMINCE . MISERICORDIAS — DOMINI . Ao
1718 - I . PETRI . 2 . V . 23 - * Rev. Un aigle sur une foudre au-
dessus d'un paysage montagneux d'où sort une main. AD . ARAS .
USQVE OBSEQVENS . ACTOR . 4 . V . 19 . et à l'exergue NON PEIU .
RASSE IVVABIT — EXOD . 20 . V . 7 . & . 16 . — * sur la tranche *
LIEBER HAAB UND GUTH VERLOHREN . ALS EIN FALSCHEN
EID GESCHWOHREN Mm. 49,5. Ar. gr. 42. Belle et rare.

Voir la gravure.

929 1729. Noces d'argent d'**Egidius van den Bempden** et d'**Aegie Hooft**. Médaille
à leurs armoiries. Ar. gr. 39. Belle.

930 1730. Deuxième fête séculaire de la Confession d'**Augsbourg**. Buste de Lu-
ther entouré des armoiries de **Nurnberg**, **Hesse**, **Brandebourg**, **Saxe Lunebourg**,
Anhalt Reutlingen. Belle médaille par M. Holtzhey, v. Loon Suppl. 54.
Mm. 62 Ar. gr. 82.

931 1730. Deuxième fête séculaire de la confession d'**Augsbourg** à **Amsterdam**.
Belle médaille par Holtzhey, v. Loon Suppl. 55. Mm. 50. Ar. gr. 52,5 F.d.c.

932 (1731) **Guillaume Charles Henri Friso** (Guillaume IV) Stadthouder de **la Frise**.
Son buste juvenile à dr WILH : CAR : HRNR : FRISO . D . G . PR :
AUR : ET NASS : GUB : ILER : FRIS.E. Son buste signé *Andeles*.
Rev. Armoiries de **Nassau Orange** entourées de la Jarretière. Lég. int.
INS : PR : AUR : ET NASS : URB : FRIS à l'entour les armoiries des
villes de la Frise Superbe médaille de la Diète de la Frise, van Loon
Suppl. 77 Mm. 36. Or Gr. 27,5 Fort rare.

933 1732. Les émigrants de **Salzbourg**. *Meine Schafe kennen Meine Stimme* et
au rev. *Ich wil meine Schafe Selbst luegern*. Mm. 44. Ar. gr. 29 F.d c.

934 1733. Réception des émigrants de **Salzbourg** en **Prusse**. Médaille ovale
comme boîte. *Ziehet aus und gehet hin-mit Frieden Act 16 v. 36* Des émigrants sortant. Rev. *Der Konige Bruste sollen dich seugen Ef. 66 v. 16.*
Le roi de Prusse reçoit les émigrants, avec 16 belle gravures imprimées
en couleurs. cartes de Salzbourg et de Prusse. Mm. 44,54. Ar. Superbe.
De toute rareté.   *Voir la gravure.*

935 1733. Réception des émigrants de **Salzbourg** en Prusse. *Gehe aus deinem
Lande und von deiner Freindschafft. Art. 7. v. 3.* Médaille comme boîte
avec quelques gravures sur mica. Ar.

936 1733. Mariage de **Guillaume** prince de **Nassau Orange** avec la princesse
Anne d'Angleterre. Bustes opposés des deux fiancés. WILH . CAR . HENR .
FRIS PRINC . AVR . ET . ANNA . MAG . BRIT . CONIVGIVM .
Superbe médaille par Holtzhey v. Loon. Suppl. 82. Franks p. 506 n. 53.
Mm. 58. Ar. gr. 77. Rare.

937 1734. Mariage du prince **Guillaume** de **Nassau-Orange** avec la princesse
Anne d'Angleterre. Belle médaille par *Andeles*. Leurs bustes accolés à dr.
FRISLAE SIC GLORIA CRESCIT. Rev. Autel aux armoiries de Nassau
et de la Grande Bretagne, au-dessus deux cœurs enflammés. Franks
p. 507 n. 55. v. Loon. Suppl. 87. Mm. 48. **Or. gr. 57,5.** Fort rare. Belle.

938 — Même medaille en argent. Gr. 44 t.b.c.

939 1736. **Rudolf Brun** Bourgmestre de **Zurich**. Son buste à dr. signé MIG .
lég: RUDOL . BRUN MILES PRIMUS MAGISTER CIVIUM 1736.
Haller 151. Mm. 49. Ar. gr. 44. Belle.

940 1738. Noces d'argent de **Willem van Citters** huit fois bourgmestre de
Middelbourg et de **Maria Kien**. Superbe médaille aux armoiries par M.
Holtzhey. Mm. 71. Ar. gr. 114. Rare.

941 17⁴⁰/₄¹. Mort de **Charles VI** empereur **d'Autriche** et bataille de **Mollwitz**
en Silésie. v. Saurma 106 Mm. 33. Ar. Belle.

942 1743. Naissance de la princesse **Caroline** de **Nassau-Orange**. Bustes opposés
du prince **Guillaume** et de la princesse **Anne**, van Loon. Suppl. 176. Franks.
p. 571 n. 207. Mm 47. Ar. gr. 44. Belle.

943 — Couronnement de **Marie Thérèse** à **Prague**. OMNIA. VINCIT. VIRTUS.
Mm. 42. Ae. t.b.c.

944 1744. Médaille satirique. *Die entblosete Konigin von Ungarn*. Mm. 41.
Ae. t b.c.

945 1745. Bataille de **Hohenfriedeberg**. Vue de la bataille. HIER FLOS VIEL
HELDENBLUT à l'exergue. BEY FRIEDEBERG – IN SCHLESIEN.
Rev. La renommée ES SIEGT DER PREUSSEN MUTH et à l'exergue
D . 4 IUNII . 1745. v. Saurma 155. Mm. 34. Ar. t.b.c.

946 1748. Naissance du prince **Guillaume de Nassau Orange**. Bustes accolés de
Guillaume V et d'**Anne** Rev. Un obélisque. v. Loon suppl. 263, Franks p.
641 n. 336. Mm. 48. Ar. gr. 49. Belle.

947 — Même sujet au buste du jeune prince. Rev. Comme la médaille pré-
cédente. v. Loon suppl. 261, Franks n. 337. Mm. 49. Ar. gr. 44,5. Belle.

948 (1752). **Carl August** prince de **Nassau-Weilbourg**. Médaille à son buste à dr.
Rev. Armoiries couronnées tenues par deux lions. Isenbeck n. 145. Mm.
45. Ar. gr. 34. a.b.c.

949 1757. Naissance de **Willem Zeelandus van Borssele**. Belle médaille aux armoiries de **Jan van Borssele** et **Anna Marg. Elis. Koninck**. v. Loon suppl.
539. Mm. 42. Ar.

950 — Victoire sur l'armée autrichienne et siège de **Prague**. au buste de
Friedrich II de Prusse. Mm. 48. Ae. t.b.c.

951 1759. **Marie Louise de Hesse-Cassel**. Médaille en or de la Diète de la Frise.
Buste de la princesse de face. MARIA . LUD . D . G . PR . AUR .
NASS . NAT . PR . HASS . CASS . Rev. Les armoiries de **Hesse-Cassel**
et de **Nassau Orange**, juxtaposées sous une couronne, entourées des armoiries des 11 villes de la Frise, au-dessus le bonnet de la liberté accosté
de 17—59. v. Loon suppl. 352. Mm 38. Or. Gr. 27,8. Superbe. De la
plus haute rareté.

952 — Médaille comme boîte au buste à g. de **Friedrich II, roi de Prusse**.
FRIDERICUS MAGNUS REX BORUSSORUM. Rev VERITATO PARA-
DOXA et à l'ex. MDCCLVIIII par Morikofer, dedans son portrait et plusi-
eurs gravures imprimées avec vues des événements les plus importants.
Mm. 52 Ar. Belle

953 1765. Mariage de **Léopold** archiduc d'**Autriche** avec **Marie Louise** infante
d'Espagne. Leurs bustes opposés. Mm. 29. Ar. t.b.c.

954 1765. Mort de **François** empereur d'**Autriche**. Buste à dr. Rev. Monument
funéraire. Médaille par Widemann Mm. 45. Ar. gr. 35 Belle.

955 1766. Inauguration du Prince **Guillaume V** de **Nassau-Orange**. Médaille inédite de la Diète de la Frise. Buste plus grand que v. Loon Suppl. 392
à dr. signé S lég WILH . V . D . G PR . AR . ET . NASS . TOT .
BELG . LIB . GVB . H.ER. Rev. Les armoiries couronnées de Nassau-
Orange entourées de la Jarretière, à l'entour les écussons des 11 villes
de la Frise. **Inédite**. Mm. 39. **Or**. gr. 21. Superbe. Rarissime.
Voir la gravure.

956 (1766). **Guillaume V** prince de **Nassau-Orange**. médaille de la Diète de la
Frise. Buste à dr. par I. G. Holtzhey. WILH . V . D . G . PR . AR .
ET NASS . TOT . BELG . LIB GVB . H.ER . Rev. Les armoiries de
Nassau-Orange entourées des armoiries des villes de la Frise. v. Loon.
Suppl. 392. Mm. 38. Or. gr 21. Belle.

957 1767. Mariage de **Guillaume V** prince de **Nassau-Orange** et de **Wilhelmina de
Prusse**. NVPTIÆ CELEBRATÆ BEROLINI etc. v. Loon. Suppl. 403.
par *v. Maelingen* Mm. 37. Ar. F.d.c.

958 Même sujet. Bustes opposés du prince et de la princesse. v. Loon Suppl.
405, par *Holtzhey*. Mm. 45. Ar. F.d.c.

959 1768. Jubilé de 50 ans de la société „**Zaturdags Gezelschap**" à Amsterdam.
Médaille rare aux armoiries des **Thierry. Dedel. Karseboom**, **Sweers**, **van der
Hoop, Bicker, van Loon, Backer, Boudaen, Hoolt, Boreel, de Flines**. van Loon
suppl. 121. Mm. 40. Ar. gr. 20,5. Rare. F.d.c.

960 1773. Famine en **Allemagne**. Médaille en étain par Reich. HAT GOTT
UNS IN DER NOTH BEHALTEN etc. Pestilentia in Nummis p. 52 n.
153. Mm. 36. Etain. t.b.c.

961 1774. Naissance de **Guillaume George Frédéric** prince d'**Orange**. Bustes opposés de **Guillaume** V et de sa femme, par van Berckel. Rev. LONGAE
VITAS etc. Suppl. 490. Mm. 31. Ar. Belle.

962 1775. Peste à **Marseille**. Jeton octogone au buste de **Louis** XVI à dr. par
Gatteaux. Ar. t.b.c. Rare.

963 — Médaille en honneur de **Christophorus**, baron de Bartenstein, lauréat
es philosophie à l'académie de Louvain. Mm. 45. Ar. gr. 30. Belle.

964 1782. **Salzbourg**. Jubilé de 1200 ans, au buste de l'archévêque **Hieronymus**
à dr. par Mazenkopf. Revers. Temple. Mm. 41. Ar. gr. 24. Belle.

965 — Médaille de tolérance. Liberté des cultes protestante et israëlite en
Autriche. Un pasteur, un evêque et un rabbin debout. SVB . ALIS .
SVIS PROTEGIT OMNES et à l'ex. ECCE AMICI . 1782. Mm. 44.
Etain. t.b.c.

966 1786. Inauguration de **Friedrich Wilhelm** II à **Halberstadt**. Pniower 292.
Mm. 42. Ar. gr. 28. Belle.

967 1787. Troubles apaisés à **Delftshaven**. Bustes accolés de **Guillaume** V et de
Wilhelmina à dr. Rev. Sur un bouclier *200 vrijwillige burgers te Delftshaven* etc. v. Loon suppl. 695. Mm. 36. Ar. gr. 12.5. F.d.c. Rare.

968 1788. Médaillon ovale s.d. au buste de Hooft, Bourgmestre d'Amsterdam
Même buste de **Hooft**, revers le chien (Keeshond) sur une base avec
1788. Ar. gr. 14, 2 pièces.

969 1789. *Siége de la Bastille*. Plaquette en étain. Mm. 86 t.b.c.

970 — Plaquette, en étain, arrivée du roi à Paris le 6 Octobre 1789. Mm.
86 b.c.

971 (1790) Médaille ovale décernée par la Société pour **Sauvetage de noyés** à
Amsterdam MENSCHEN LIEFDE GEKROONT. Rev. Dans une couron-
ne de chêne AAN DEN MENSCHEN—REDDER. v. Loon Suppl. 792,
Mm. 30,37. Etain t.b.c. Fort rare.

972 1791. **Breslau**. Petite médaille au buste de l'ambassadeur **Asmi Said Effendi**
en mémoire de son passage pour **Berlin**. Mm. 30, v. Saurneu 347. Ar. t.b.c.

973 1791. **Léopold** II empereur d'**Autriche**. **Fried. Wilhelm** II roi de **Prusse** et
Friedrich August de **Saxe** à **Pillnitz**. Leurs bustes accolés à dr. par Hoeckner. Mm. 52. Etain t.b.c.

974 1793. Médaille uniface au buste à dr. de **Charlotte Corday** CHTE CORDAY
DARMANS NEE A St SATURNIN DES LIGUErets EN 1768. sous le
buste, en deux lignes DECAPITEE A PARIS—LE 17 JUILLET 1793
Mm. 43. Br. t.b.c.

975 1796. Bataille de **Montenotte**. Buste du général **Bonaparte** à dr. par Gayrard. Rev. La Victoire au-dessus d'une partie du globe, où l'on voit
l'Italie et la Grèce, ex BATAILLE DE MONTENOTTE—MDCCXCVI.
Mm. 41. **Ar.** Belle et rare.

976 (1799) Médaille au buste nu de **Napoléon Bonaparte** à dr. dans le champ
une étoile. BONAPARTE . REIP . ITAL . PRAESES . ANNO . III.
Rev. DVX . TVTVS . AB . INSIDIIS. Mm. 60. Br. Belle Rare.

977 1804. Médaille sur la mort de **François André de Favrat Jacquier de Bernay**,
général d'infanterie prussienne. Médaille au buste à g. par Loos. Mm.
39, Br. Belle.

978 1806. Bataille de **Jéna**. Buste de **Napoléon** 1 à dr. par Andrieu. Rev. BO-
RVSSI DIDICERE NVPER à l'ex. EXERCITV AD IENAM DELETO

XIV OCTOB MDCCCVI. Napoléon en général romain, précédé par un aigle, passe au galop de son cheval sur le corps de deux ennemis. Mm. 41. Ar. Belle. Rare.

979 1807. Séjour de **Napoléon I à Dresde.** NAPOLEO IMP . GALL . IT . REX HOSPES DRESDAE. Son buste à dr. dessous D · XVII . IVL . MDCCCVII Rev. FRID . AVGVST . REX . SAXONIAE VARSOVIAE DVX. Son buste à g. par Hoeckner. Mm. 41. Ar. Gr. 24. Belle et rare.

980 1809. Médaille au buste de **Napoléon** I empereur de **France** à dr. par Andrieu. Rev. AQVILA REDVX Mm. 41 Br. t.b.c.

981 S.d. Médaille au buste de Louis Napoléon roi de Hollande à dr. NAP . LOUIS . I . ROI DE HOLLANDE CONN . DE FRANCE. Son buste signé GEORGE F Rev. L'aigle impériale de France, portant un écusson aux armes des Provinces-Unies. Nahuys pl. I n. 3. Ar. gr. 57. Belle et rare.

982 S.d. Médaillon en porcelaine blanche au buste de **Napoléon Bonaparte** empereur de France, sous le buste, l'aigle impériale. Mm. 102. Belle pièce.

983 S.d. Médaille au buste lauré de **Napoléon** I à dr. par Andrieu. Rev. La légion d'honneur. Mm. 40 Br. t.b.c.

984 1813. Capitulation de **Pampeluna.** Buste du duc de **Wellington** à dr. Rev. La ville offrant les clés au duc à cheval en habit de guerrier romain ENGLAND PROTECTS THE TOWN OF POMPEI et à l'ex. CAPI-TULATION OF PAMPELUNE OCTOBER THE 31 MDCCCXIII. Mm. 40 Ar. gr. 56 t.b.c.

985 1814. Médaille sur les Vaccinations municipales de Paris. Vache debout à g. EX INSPERATO SALVS. Mm. 33. Ar. gr. 16. Belle.

986 1815. Médaille en mémoire de la bataille de **Waterloo** au buste d'**Arthur, Duke of Wellington** à dr. Mm. 40 Br. Belle.

987 — Médaille de **Waterloo** pour les combattante de **Nassau.** Buste de **Frie-drich August** à dr. v. Heyden 465. Mm. 29. Ar. b.c.

988 1817. Ouverture du canal à **Middelbourg.** Dirks 101. Mm. 46. Ar. gr. 45 Belle.

989 1820 Mort de **Charles Ferdinand** duc de **Berry.** Son buste en uniforme à g. Rev. Dans une couronne, légende en huit lignes, par Gayrard. Mm. 41. Ar. gr. 35 Belle.

990 1826. Médaille au buste à g. par Lang, d'**André Joseph** baron **de Stifft,** premier médecin de l'empereur d'Autriche. Kluyskens n. 1, Rudolphi 421,1. Mm. 48. Ar. gr. 35. Belle.

991 1828. Médaille au buste à dr. par Brandt d'**Alexandre von Humboldt.** Rev. Phoebus parcourant sur son char une partie du Zodiaque. Kluyskens n. 2. Mm. 62. Br. b.c. Rare.

992 1830 Buste de **Henri V** le comte de **Chambord** à g. HENRI V ROI DE FRANCE. Rev. Deux sceptres en sautoir au-dessus une couronne, au-dessous 2 AOUT 1830. Mm. 38. Br. Belle.

993 1831. Mort héroïque de **J. C. J. van Speyck** sur l'Escaut. Dirks 40,1. Mm. 46. Ar. gr. 53,5. Belle.

994 1835. Médaille par Pönninger en honneur du médecin **Joseph de Marsova Marsowsky.** Mm. 42. Ar. gr. 26. Belle. Rare.

995 1840. Mort de **Friedrich Wilhelm III,** roi de Prusse. Buste à g. par Brandt. Rev. ERINNERUNG etc. Mm. 45. Ar. gr 51. Belle.

996 — Couronnement de **Friedrich Wilhelm IV** roi de **Prusse** à Berlin. Rev. L'aigle couronnée sur la croix. Mm. 42. Ar. gr. 29. Belle.

997 — Même pièce, module plus petit. Mm. 30. Ar. gr. 14,5. Belle.

998 (1841—1864). **Civil-Verdienstmedaille** au buste jeune d'**Adolphe** duc de **Nassau** à dr. sans légende. Rev. dans une couronne ADOLPH—HERZOG—ZU—NASSAU par Zollmann. v. Heyden 463. Mm. 48. Ar. t b.c. Rare.

999 1842. Médaille au buste de **Louis Philippe**, roi de **France** à g. par Petit. Rev. *Chambre des Députés — dessous 1842* Mm. 53. Ar. F.d.c.

1000 1844. Médaille par Lorenz au buste à dr. de HERMANN VON BOYEN. Rev. BELLI PACISQUE. ARTIBUS UTILIS PATRIAE. La Paix et Minerva debout, entre elles les armoiries de von Boyen sur un trophée d'armes, dessous 1844. Mm. 41. Ar. gr. 35,5 F.d.c.

1001 1849. Mort de Guillaume II, 1814 Inauguration de Guillaume I et Siècle d'Israel. Ar. gr. 27 5. 3 pièces.

1002 1852. Médaille aux bustes de **Jean** et **Charles Presl** médecins renommés de Prague. FRATERNIS . ET . NATVRAE ET . DISCIPLINAE . VINCVLIS . CONIVNCTI. Mm. 70. Br. F.d.c.

1003 1852. Proclamation de l'Empire français. Superbe médaille par Caqué au buste de **Napoléon** III à g. Mm. 76 Ar. gr. 233. Belle Rare.

1004 1853 KONINKLIJKE NEDERLANDSCHE ZEIL- EN ROEI-VEREENI-GING. Belle médaille en argent offerte à **Jacob Swart** à **Amsterdam 1853** Dirks 666. Mm 79 Ar. Gr. 126,5 Belle Rare.

1005 1854. Erection d'une statue à la Haye en honneur du roi **Guillaume II.** Belle médaille par Menger. Dirks 758. Mm. 69 Ar. gr. 100.

1006 1856. Médaille par Lange en honneur du physicien et minéralogue, **Wilhelm Haidinger** de **Vienne.** Son buste à dr. Rev. Le hémisphère entouré du zodiaque. Rudolphi 467. Mm. 64. Br. Belle.

1007 1859. Jubilé sémi-séculaire de services militaires du prince **Friedrich Wilhelm** de **Prusse** par Fischer. Mm. 15 Br. Belle.

1008 1859. Prix départemental du Pas-de-Calais. Médaille par Barre au buste de **Napoléon** III à g. Mm. 51. Ar. gr. 64,5. Belle.

1009 1861. Inondations dans les Pays-Bas. Buste du roi **Guillaume III** à dr. par Wiener. Rev. ORANJE EN NEDERLAND BIJ DEN WATERS-NOOD 1861. Dirks 842. Mm. 63. Ar. gr. 89. Belle Rare.

1010 — Inondations dans les Pays-Bas, Secours porté par le roi Guillaume III. Superbe médaille par Élion. Dirks 843. Mm. 77. Ar. Fort rare.

1011 1864. Médaille par Charles Wiener aux bustes accolés à g. de **Sir Moses Montefiore** et de **Lady Montefiore.** Rev. Dans une couronne, légende hébreue. Mm. 62. Belle et fort rare.

1012 1865. Jubilé semi-séculaire de la bataille de **Waterloo** EENDRAGT MAAKT MAGT. Rev. Les noms des principaux généraux dans cette bataille. Belle médaille par de Vries. Mm. 69. Br.

1013 1866. **Choléra.** Médaille offerte par le sénat de la ville de **Groningue** aux 25 **médecins et candidats.** qui se sont distingués lors de cette épidémie. La Hygiée debout portant l'écusson de Groningue au milieu de trois malades, à l'ex. SENATUS GRONINGANUS D . D . Rev. Autour d'une couronne de chêne et de laurier BENE MERUIT DE CIVITATE GRONINGANA, QUI SAEVIENTE CHOLERA Ao. MDCCCLXVI AEGROTOS IUVIT. Mm. 60 Br. Belle fort rare.

1014 1868. Erection d'un monument en honneur de **Luther** à **Worms.** Belle médaille en étain. Mm. 60.

1015 1872. Statue érigée à Leyde en honneur du médecin renommé **Herman Boerhaave.** Son buste à g. HERMAN BOERHAAVE . GEB . 31 DEC. 1668 OVERL. 23 SEPT 1738. Rev. La statue par v. d. Kellen. Mm. 53. Br. Belle Rare.

1016 1874. Médaille offerte par tous les employés à la Monnaie royale d'Utrecht à **D. van der Kellen**, graveur à la Monnaie. Son buste à g. Mm. 58. Br. Belle.

1017 s.d. Commission d'Hygiène publique et de salubrité. Belle médaille à la tête de la republique française par Oudiné. Mm. 36. Ar. gr. 22. Belle.

1018 1883. 4me fête séculaire de la naissance de **Luther** célébrée à Worms. Médaille portative au buste de face. Mm. 64. Fer. t.b.e.

1019 — Noces d'argent de **Friedrich** de **Bade**. Bustes de Friedrich et de sa femme accolés à g. Rev. Vue de **Bade-Bade**. Mm. 50. Ar. gr. 52. Belle.

1020 1883. Exposition de chiens à Vienne. Avers. Un chien dans son chenil entouré d'autres chiens. Rev. *Oesterreichischer Hundezucht-Verein. Ausstellung Wien 1883.* Superbe médaille. Mm. 51. Ar. gr. 76.

1021 1886. Fête sémi-séculaire des Bains à **Méran** en Autriche. Bustes des empereurs **Ferdinand** et **Franz Joseph**, accolés à dr. Mm. 35. Ar. gr. 25. T.d.c.

1022 1887. Superbe médaille au buste à g. par *Alphée Dubois* de CARNOT PRÉSIDENT DE LA RÉPVBLIQVE FRANÇAISE. Rev. Dans un cartouche au milieu de branches de laurier en six lignes. **Carnot Elu Président De La République Fren aise par l'Assemblée nationale Le III Décembre MDCCCLXXXVII**. Mm. 69. Br. Fort belle.

1023 — Jubilé sacerdotal de 50 ans du pape **Léon XIII**. Son buste à g. Rev. Légende en six lignes. Mm. 39. Ar. gr. 26,5. Belle.

1024 — Mariage de **J. R. H. Neervoort van de Poll** et de **M J. E. G. P. Zubli**. Belle médaille aux bustes accolés à dr. par J. P. M. Menger. Cat. Menger n. 709. Mm. 59. Br.

1025 1888. Jubilé de 70 ans du professeur renommé **F. C. Donders**. Superbe médaille au buste à dr. par Menger. Mm. 66. Br. Rare.

1026 — Jubilé de 40 ans du règne de **Franz Joseph**, empereur d'**Autriche**. Médaille de la société de numismatique de Vienne. Buste à dr. Rev. Légende en 8 lignes. Mm. 44 Ar. gr. 35. T.d.c.

1027 1890. Noces d'or de Jhr. **Mr. Henrik Hoeufft van Velsen et d'Ernestina Lucretia Roukans**. Armoiries heaumées. Cat. Menger 725. Mm. 49 Br. Superbe.

1028 1892. Choléra à **Hambourg**. Superbe médaille par Vogel. DEN * HELFERN--IN DER * NOT Hercule terrassant le Hydra. Rev. Ecusson de Hambourg dans un entourage, au-dessous DAS DANKBARE HAMBURG 1892. Mm. 70 Br. Belle.

1029 1892. Jubilé de 550 ans de la délivrance de la ville de **Waidhoven** des Turcs. Vue de la ville. Rev. S · VNIVERSITATIS — CIVIV-I . WAIDHOFEN. Belle medaille par Pittner. Mm. 51 Br.

1030 1894. Médaille en honneur de **L. J. Veltman** le célèbre comédien. Son buste à g. L. J. VELTMAN 22 MAART 1847—29 DEC. 1894. Rev. Un piédestal surmonté d'une vase à fleurs accostée de $\frac{TRA \_ . CO .}{GEDIE - MEDIE}$ dessous DEN GROOTEN TOONEELSPELER, Mm. 46 Ar. gr. 60,5 Belle

1031 1895. **Actes de Dévouement**. Superbe médaille en argent portative par O. *Roty* au buste de la république française à g. Rev. *Ministère . De . L'Intérieur Actes de Dévouement*. Mm. 55. Ar.

1032 — Médaille de la *Société d'Agriculture* dans la province de **Limbourg**. Buste de la reine **Wilhelmina** à dr. WILHELMINA KONINGIN DER NEDERLANDEN. Rev. Deux cornes d'abondance. **Geschonken door de Maatschappij van Landbouw in Limburg 1895**, dans le champ * **Vereeniging ter Bevordering van Tuin en Landbouw in Limburg te Maastricht**. Mm. 44. Or. gr. 28 Belle.

Médailles par J. Wiener.

1033 L'église de Saint Front à **Périgueux**. Mm. 60. Br. Belle.
1034 La Cathédrale de **Reims**. Mm. 60. Br. Belle.
1035 Le Dôme de **Pisa**. Mm. 60. Br. Belle.
1036 La St. Apolinariskirche à **Rémagen**. Mm. 60. Br. t.b.c.
1037 La Basilique de St. Paul à **Rome**. Mm. 60. Br. Belle.
1038 La Cathédrale de **Milan**. Mm. 60. Br. Belle.
1039 L'Hôtel de ville à **Amsterdam**. Mm. 60. Br. Belle.

JETONS HISTORIQUES.

1040 1521. Victoire de Charles-Quint. Dugn. 1144. Rare. Ae. a.b.c.
1041 1538. Prise de Nice par Charles V. Dugn. 1355. Ae. b.c. Rare.
1042 1544. Jeton. **Charles** V foulant l'hydre. Rev. L'aigle regardant le soleil. Dugn. 1578. v. Mieris III p. 963. Ae. t.b.c.
1043 1546. Jeton au balance en équilibre. D. 1659. Ae. t.b.c.
1044 1549. Jeton. Bureau des finances. D. 1764. Ae. b.c.
1045 — Inauguration de Philippe II comme comte de Zélande. D. 1767. Ae. t.b.c.
1046 — Bureau de finances. D. 1764. Ae. t.b.c.
1047 1552. Jeton au buste de **Charles** V à dr. FIDES PVBLI. Dugn. 1863. Ae. t.b.c.
1048 1555. Jeton de **Lorraine**. NEVTRA . SEQVOR . MEDIVS . 1555. Armoiries. Rev. Un arbre. FIRMA SOLO RADIX. Ae. b.c.
1049 1561. Philippe II d'Espagne et Isabelle de France. Dugn. 2277 var. avec FRANSE . HENz. Ae. b.c.
1050 — Bonne administration de la duchesse de Parme. D. 2297. Ae. Beau.
1051 1565. Prise de Malte. Dugn. 2404. Ae. t.b.c.
1052 1569. Vengeance du duc d'**Albe** contre la ville d'Utrecht. Dugn. 2492 Ae. Beau.
1053 1571. Bataille de Lépante. Dugn. 2538. Ae. t.b.c.
1054 — Jeton de Lille. D. 2540. Ae. a.b.c.
1055 1573. Bureau des finances. D. 2597. Ae. Beau 1576. Espoir de paix Dugn. 2680. Ae. t.b.c.
1056 1575. Jeton TROW IST NOCH MEIN SCHADEN. Dugn. 2678. Caivre jaune. b.c.
1057 1579. Négociations de paix à Cologne. D. 2776. Ae. b.c.

1058 1581. Arrivée du duc d'Alençon à Gand. Dugn. 2830. Ae. a.b.c.

1059 1582. Ambition du duc d'Anjou var: de Dugn. 2907 avec EXPRES.
Ae. b.c.

1060 1583. Aversion des Gantois pour le duc d'Anjou. D. 2940. Ar. t.b.c.

1061 1584. Démolition du cloitre des frères prêcheurs à la Haye et de
l'église à Workum. D. 2988. Ae. b.c.

1062 1586. Jeton aux armes d'Emanuel de Lalaing et d'Anne de Croy-Chimay.
D. 3117. Ae. a.b.c.

1063 1689. Jeton aux armoiries de **Louis Gonzague** et **Henrica de Clèves** ducs
de **Nevers.** Ae. b.c. Rare.

1064 1594. Prise de **Groningue** et délivrance de **Coevorde.** Dugniolle 3338.
Ar. t.b.c.

1065 1595. Combat de **Selvolde** et de **Bislich.** Dugn. 3375. Ae. t.b.c.

1066 1596. Menaces d'Albert d'Autriche contre la **Zélande.** Dugn. 3389. Ae. t.b.c.

1067 — Alliance des Provinces-unies avec l'Angleterre et **la France.** Dugn.
3400. Ae. t.b.c.

1068 1597. Victoire de **Turnhout.** Dugn. 3112. Ae. t.b.c.

1069 1598. Victoire de Mendoça sur le Prince Maurice. Dugn. 3449. **Ae. b.c.**

1070 — Assassinat du comte Ulric de Valkenstein. D. 3442. Ae. t.b.c.

1071 1599. Campagne du cardinal André d'Autriche. D. 3468 Ar. b.c

1072 1609. Trève de douze ans. Dugn. 3642. Ae. Beau.

1073 — Triple alliance. D. 3649. Ae. t.b.c.

1074 1612. Troubles d'Utrecht. D. 3682. Ae. t.b.c.

1075 1618. Jeton. Compz. Dugn. n. 3753 avec le roi debout. Ae. t.b.c.

1076 s.d. Jeton gravé et niellé au buste au bonnet à dr. de **François roi de
France** . DEL . DE . FRANCISCVS . FIRE . Rev. Buste conronné de
Salomon SALOMON . REX . ISRAEL. Ar. t.b.c. Rare.

1077 1659. Jeton de la Chambre de la ville de **Bar.** Ae. t.b.c. Rare.

1078 1664. Fraçois de Moura nommé gouverneur des Pays-Bas. D. 4206.
Ae. t.b.c.

1079 1671. Réconstruction des remparts à Bruxelles. D. 4288. Ae. Beau.

1080 1674. Jeton à l'écu de Pipenpoix. Dugn. 4331. Ae. t.b.c.

1081 1675. Jeton aux armes de Rogier van der Wauwera. D. 4353. Ae. t.b.c.

1082 1696. Jeton du comte de Spinola. D. 4607. Ae. Beau.

1083 1718. Jeton au buste de Louis XV à dr. Rev. *Conseillers de ville.* Ar. Beau.

1084 1728. Trésor royal. Jeton en argent au buste de **Louis** XV à dr. Ar. t.b.c.

1085 s.d. *Experts des Bastimens.* Jeton en argent au buste de **Louis** XV à dr.
Beau.

1086 1747. La maison du bourgmestre de Nimègue Joh. Mich. Roukens dé-
truite. Ae. Beau.

1087 1761. Chambre de commerce de Picardie établie à Amiens. Ar. b.c.

1088 1766 **Guillaume V** prince de **Nassau-Orange** inauguré à Vere et à Flessingue.
Ar. t.b.c.

1089 1770. Mariage de **Marie Antoinette** et **Louis** XVI. Jeton en argent. Beau.

1090 1789. Jeton octogone de Paris. *Aux bonnes citoyennes.* Ae. t.b.c.

1091 s.d. Jeton octogone en argent du Trésor Royal au buste de **Louis** XVI
roi de France à dr. par Duvivier. Ar. Beau.

1092 s.d. Jeton octogone par Gatteaux au buste de **Louis** XVI roi de **France**
à dr. Rev. Monogramme couronné. Ar. t.b.c. Rare.

1093 s.d. Jeton de la ville de **Cambrai** au buste de **Louis** XVI. Ar. Beau.

1094 1814. Bataille de **Brienne** au buste du maréchal **von Blücher.** Ae. arg. t.b.c.

1095 1826. Banque de la Guadeloupe. Jeton octogone en argent au buste de **Charles** X à g. par Barre. Ar. t.b.c.

1096 — Agréés du Tribunal de commerce de Paris. Jeton octogone au buste de **Charles** X à g. Ar. Beau.

1097 (1830.) Jeton octogone au buste de **François** Ier roi de **France** par Caunois. Rev. SCIRE LEGEM, COLERE JUSTITIAM et à l'exergue **Arrondissement de Vitry le François.** Ar. Beau.

1098 Lot intéressant de jetons ayant rapport à la guerre de 80 ans, 10 pièces, la plupart t.b.c.

1099 Lot de jetons ayant rapport à la guerre de 80 ans. 15 ps., la plupart t.b.c.

1100 Lot fort intéressant de jetons divers. 35 ps., la plupart t.b.c

1101 Lot de Jetons ayant rapport à la guerre de quatre-vingt ans, y joint une monnaie en cuivre obsidionale de 1578 de Deventer. Ae. et un jeton de la bataille de Seneffe. 11 pièces.

1102 Lot de jetons et médailles en cuivre et en étain, 15 pièces, y joint trois pièces en argent, ensemble 18 pièces.

260 COIRE (Chur) Evêché JOHANN v FLUG d'ASPREMONT Florin d'or ∴ MON ∴ NO . . . EPISCO ∴ CVR ∴ Le Saint Lucien à demie-figure de face à longue barbe et tenant sceptre et globe impériale. Rev. FERDINANDVS . II . DEI . G . R . IM . S . A . GV. Double aigle impériale couronnée ayant en coeur la globe impériale. Var. de Haller 2152. Or. a.b.c. Rarissime.

No. 876.
No. 904.
No. 955.
No. 926.

No. 897.

No. 892.

No. 928.

No. 934.

No. 885.

No. 739.